A LA MÉMOIRE

DE

JACQUES LAEDERICH

QUELQUES SOUVENIRS DE LA VIE

DE

JACQUES LAEDERICH

RACONTÉS A SES PETITS-ENFANTS

PARIS

IMPRIMERIE E. CAPIOMONT ET V. RENAULT

6, RUE DES POITEVINS, 6

1881

Mes chers petits-enfants,

C'est bien jeunes encore que vous avez perdu votre bien-aimé grand-père, et ceux d'entre vous qui en pourront garder un souvenir distinct, ne verront guère dans leur mémoire que le vieillard fatigué et lassé de la vie pour lequel tout bruit était une souffrance, et qui pourtant vous aimait si tendrement sans pouvoir vous le témoigner comme il l'aurait voulu. C'est pourquoi j'aimerais vous retracer la vie de ce chrétien, de cet homme de bien dont l'existence entière vous dit : « *Esto vir* » sois homme, et fut un vivant et frappant exemple de ce que peut une forte volonté unie à l'amour du travail, à la droiture, à l'activité du cœur et de l'intelligence. Que Dieu vous donne de remplir son plus intense désir, exprimé dans sa Bible de famille et puissiez-vous marcher sur ses traces afin de le retrouver un jour là-haut.

Jacques Laederich, fils de Jean-Jacques Laederich boulanger, et de Marguerite Muller, était né à Mulhouse le 28 février 1802 ; sa maison natale se trouvait rue de l'Arsenal et avait nom l'*Éléphant ;* elle a été démolie il y a une vingtaine d'années et remplacée par la maison de l'épicier Frey. Second enfant d'une nombreuse famille, venu dans des temps difficiles, il fut élevé simplement, rudement même. Son père était un homme sévère et ne ménageait ni les réprimandes ni les coups ; sa mère, digne et vaillante femme, était la fille du marguillier et tisseur de bas Muller, qui habitait un petit logement adossé à l'ancienne église Saint-Étienne, ainsi que vous le montrent les photographies de ce vénérable édifice qui tenait tant au cœur des vieux Mulhousois et pour lesquels ce fut un véritable crève-cœur de le voir démolir quand son âge le fit tomber en ruines.

Ce grand-père Muller fut la principale affection de votre grand-père dans son enfance ; votre tante Kohler se rappelle l'avoir entendu dire en se promenant les bras croisés derrière le dos au milieu du tapage de ses frères et sœurs : « Je ne puis supporter ce vacarme d'enfants, » et il s'échappait pour se réfugier auprès de l'aïeul bienveillant qui l'accueillait toujours avec tant de plaisir. C'est là qu'il se livrait à ses occupations favorites ; il dévidait du coton et de la laine sur des cartons pour en faire des balles que sa grand'mère recouvrait d'un réseau crocheté, puis il les vendait à des amateurs qui ne faisaient jamais défaut, et employait le produit de ce petit commerce à se bien monter en billes.

, Mais c'est la fabrication des cartonnages qui surtout lui faisait plaisir, et à laquelle il appliquait tout son goût et toute son adresse. Son chef-d'œuvre dans ce genre fut un château de grandiose apparence, peint de manière à représenter une construction en pierres de taille, précédée d'un perron et d'un double escalier à rampe de fer ; en enlevant le toit, on voyait un grand vestibule sur lequel s'ouvraient les portes toutes à doubles battants ; le premier étage enlevé, on découvrait le rez-de-chaussée composé presque entièrement d'un grand salon de réception et d'une cuisine meublée, ainsi que toutes les chambres, de petits meubles en carton peint.

Ses finances, grâce à son esprit inventif et ingénieux et à des aptitudes commerciales caractéristiques déjà en son jeune âge, prospéraient si bien, qu'il put réaliser bien des ambitions et se voir à la tête d'une presse qui lui servait à relier des livres pour lui et ses camarades, autre source de bénéfices, et un petit pressoir à vin qui jouait un rôle important dans le grand jour des vendanges.

Ce jour des vendanges était la grande fête de l'ancien Mulhouse, mais les temps ont bien changé, et ce que vous en voyez maintenant n'en est qu'une pâle et faible représentation et ne peut vous en donner une idée exacte. Ce jour-là, de grand matin, la ville se vidait pour se déverser tout entière dans le vignoble ; les maisons n'étaient gardées que par les vieillards, les malades et les infirmes. Dans toutes les vignes régnait une activité fébrile ; ce n'étaient pas les petits qui étaient les moins affairés : revêtus d'un tablier blanc, hotte au dos, ciseaux à la main, joyeux, ils aidaient les vendangeurs. A midi, repas sur le pouce, saucisses, pain, fromage, largement arrosés de vin nouveau qu'on puisait dans les cuves, soit avec un verre, soit au moyen d'un chalumeau de paille. Dans tous les chemins du vignoble, foule, encombrement, voitures chargées de cuves pleines qu'on rentrait en ville, orgues de Barbarie, amis allant se voir de vigne en vigne. Mais le plus beau, c'était le soir, alors que le ciel resplendissait de feux d'artifice, que l'air portait au loin le bruit de la pétarade et qu'un grand bal champêtre terminait cette joyeuse et bruyante journée dont on parlait longtemps après et dont on se réjouissait presque un an à l'avance.

C'était le bon vieux temps, celui qu'évoquait votre cher grand-père avec un plaisir attendri ; et pourtant à ces heureux souvenirs s'en mêlaient de graves et lugubres : l'année 1815, l'invasion de la patrie par les armées alliées alors que par sa coupable ambition Napoléon Ier avait perdu la France, comme plus tard son neveu en 1870, était restée pour lui un souvenir poignant et ineffaçable et les larmes qu'il versa en apprenant la reddition et le démantèlement de la forteresse voisine de Huningue, furent les plus amères de sa jeunesse. Il dépeignait encore à la fin de sa vie, comme l l'aurait fait d'un événement de date récente, l'aspect

désolant du pauvre Mulhouse envahi par les hordes fa-
rouches des Cosaques, montés sur leurs petits chevaux
vifs, mêlés aux grossiers Bavarois et aux traîtres
Saxons. Il vit plus d'une fois la devanture de son père
mise au pillage, et un soldat, que ses parents avaient à
loger, lui vola sa montre qu'il avait laissée suspendue
dans sa chambre. Les vivres étaient montés à des prix
exorbitants : le pain coûtait un franc et le sucre cinq
francs la livre, ce qui rendait la misère extrême ; aussi
toutes les bonnes ménagères, sa mère en tête, s'ingé-
niaient à remplacer le sucre par d'autres matières su-
crées, comme les carottes entre autres, dont avec du
jus de poire de fer elle faisait une confiture excellente,
paraît-il, et qui, grillées tenaient lieu de chicorée pour
le café.

Au commencement de ce siècle, l'instruction était bien
moins répandue et moins approfondie que de nos jours ;
à l'âge de douze ans, votre grand-père avait terminé ses
classes et savait tout ce qu'il y avait moyen d'apprendre
à Mulhouse. Il s'agissait donc de lui choisir une carrière ;
pendant deux ans il prit des leçons de dessin chez un
M. Lambert; dans ses moments perdus il dessinait sans
cesse, mais le seul de ces essais qui ait survécu, est le
Robinson Crusoë que je possède. Un jour entra. par
hasard chez son père un parent de ce dernier, M. Nicolas
Rott, courtier, à la fois le grand-oncle de grand-papa et
le mien. — « Que penses-tu devenir, Jacques? lui dit-il ;
aimerais-tu être dessinateur? » — « Voilà, répondit le

jeune garçon, cela ne me déplairait pas ; mais ce qui m'arrête, c'est que quoique à la vérité je sache bien copier, je crains de n'avoir pas assez d'imagination pour créer, et à défaut de cette qualité, il est probable que je végéterais toute ma vie. Le commerce me plairait mieux ; je crois qu'il est plus facile d'y percer, sans avoir d'aptitudes spéciales. » Le grand-oncle trouva ce raisonnement des plus justes, et peu après Jacques Laederich entrait comme apprenti dans la maison Schlumberger-Grosjean à la Densch. La première année se passa pour lui à balayer les bureaux, nettoyer les lampes, tenir les ficelles en ordre, chercher et porter le courrier à la poste, faire les commissions ; peu à peu il monta en grade, et ses patrons voyant qu'ils pouvaient avoir toute confiance en lui, le chargèrent par-ci par-là de petits voyages en Alsace. C'est ainsi qu'il alla souvent dans un petit cabriolet attelé d'un cheval qu'il conduisait lui-même, porter des sommes d'argent importantes à Cernay, à Soulzmatt, il y descendait chez le père de mes amies, les demoiselles Hartmann, où l'on mangeait, disait-il, de si bons pigeons rôtis et où le verger produisait des poires si succulentes.

Enfin on fut si content de lui, de son travail consciencieux et prompt, qu'on le plaça en 1820 dans la maison de Paris. Il fit donc ses adieux à sa famille et, accompagné de son père et de quelques amis, alla à Cernay prendre la diligence qui faisait le trajet direct de Colmar à Paris. Il aimait à rappeler ce voyage et à comparer les habitudes douillettes de la jeunesse de nos jours à la rusticité de son époque. En effet au mois de janvier, par une rigoureuse température, il passa les trois jours et quatre nuits que durait alors le voyage, assis sur l'impériale de la diligence et vêtu simplement d'une légère jaquette, sans pardessus ni couverture pour le préserver du froid. Sa malle, par raison d'économie, avait été expédiée par roulage, et quand il arriva enfin à Paris, grand fut son effroi de voir que le fond de ses culottes était gravement endommagé. Que faire en cette fâcheuse occurrence ? Il fut heureusement tiré de peine par la Providence de tous les jeunes Alsaciens à Paris, M. Zipélius, oncle de M. Georges Zipélius que vous connaissez, et qui paternellement aidait de ses bienveillants conseils tous ses concitoyens arrivant dans la capitale et leur prêtait son appui en toutes circonstances.

Votre grand-père trouva à se loger rue des Jeûneurs, tout près de la rue Saint-Fiacre où son bureau était situé, et ses appointements dans les débuts étant des plus modiques, il avait fort à faire pour réaliser de petites économies au bout de l'année. Aussi de combien peu il se contentait ! le matin son déjeuner se composait d'une flûte de deux sous et ce n'est qu'à cinq heures qu'il allait en compagnie de quelques amis prendre son dîner dans un restaurant bon marché à dix-huit sous le repas. Plus tard, il arriva à se mieux nourrir et fréquenta de préférence certain restaurant du quartier latin, célèbre par sa spécialité de macaronis. En dehors des difficultés pécuniaires, sa vie de bureau n'était guère facile ; il avait affaire en M. Morisset à un chef sévère à l'excès, injuste et jaloux à l'occasion. Votre grand-père chargé de la vente des impressions, s'était vite attiré les préférences de la clientèle tant masculine que féminine, par sa courtoisie, son amabilité, sa rapidité à saisir et à satisfaire les besoins de chaque client. Le soir il inspectait les devantures des grands magasins de nouveautés, et faisait du résultat de ses observations, un rapport qu'il adressait à la maison de Mulhouse afin que sa fabrication pût toujours se tenir à la hauteur de la mode. Tout cela ne faisait pas l'affaire de M. Morisset : c'était trop bien remplir son devoir ; et il rendit la vie si dure à votre grand-père, que celui-ci songea un moment à se faire soldat. Grande fut la désolation de sa mère, quand il lui communiqua son projet !

Elle se rendit immédiatement auprès de MM. Schlumberger et Grosjean, pour leur faire connaître l'état des choses. M. Grosjean était à la veille de partir pour Paris et promit de mettre bon ordre aux tracasseries de M. Morisset. Il augmenta les appointements de votre grand-père et lui fit dans la maison une position qui inspira au gérant la courtoisie et la confiance manquant jusqu'alors dans ses rapports avec son subordonné.

La besogne journalière accomplie et sa conscience satisfaite, votre grand-père mettait largement à profit les occasions de s'instruire et les distractions élevées si abondantes à Paris. Il suivit pendant quelque temps les cours d'anglais du professeur Robertson, ainsi qu'un cours de chant; malheureusement il avait l'oreille des moins musicales, et au bout de quelques leçons, le maître, en lui adressant force excuses, le pria de se retirer, vu qu'il gênait les autres élèves, sans tirer lui-même aucun profit de cet enseignement.

Le théâtre était un de ses plaisirs favoris; et pour en jouir, nulle époque plus privilégiée; aux Français, il eut encore le bonheur d'entendre Talma, mademoiselle Mars, plus tard Rachel; à l'Opéra, Lablache, Adolphe Nourrit, madame Sontag; aux Italiens, cette étoile particulièrement brillante, l'incomparable Malibran, qu'à défaut d'un souvenir durable, les stances d'Alfred de Musset rendraient immortelle. Il eut même l'enviable bonne fortune d'assister à la première représentation d'Hernani, et dans cette grande lutte des romantiques contre les classiques, il prit parti pour les derniers et siffla cette noble pièce que ses petits-fils applaudiront un jour avec enthousiasme.

Il eut aussi certaines relations avec des célébrités littéraires, logea quelque temps sur le même palier que Béranger; il rencontrait souvent dans un de ses restaurants accoutumés, Duvert, le fin vaudevilliste, le collaborateur de son gendre Lauzanne. Un jour il alla même visiter Scribe afin de lui demander pour un mariage, des vers de circonstance que celui-ci composa avec sa facilité et son obligeance accoutumées.

En été les distractions revêtaient un autre caractère; la bande alsacienne, les dimanches et jours de congé, prenait son élan vers la campagne environnante et visitait tous ces lieux charmants qui, nichés dans la verdure, se mirent dans les eaux limpides et ondoyantes de la Seine. Parfois c'étaient des échappées plus lointaines, témoin cette excursion en Normandie où votre grand-père monta à cheval pour la première fois, mais ce premier essai réussit si mal qu'il perdit à tout jamais le goût de l'équitation. Son ami Caudron qui l'accompagnait et dans la famille duquel il logeait, mit les montures au trot et voici le cavalier novice renversé sur sa bête, s'accrochant partout, à la crinière, à la queue, et rentrant tout penaud, couché à plat sur sa monture.

De temps en temps aussi, la maison le chargeait de voyages dans l'intérieur de la France; c'est ainsi qu'il visita Lyon, Saint-Étienne, Rouen et d'autres villes où il s'entendit à mener rondement les affaires et laissa les meilleurs souvenirs.

De cette époque date également son admission dans la loge franc-maçonnique du grand Orient de France, où il arriva à la dignité de maître (je possède encore son diplôme). Il se plaisait plus tard à raconter les épreuves de rigueur, telles que la lugubre cérémonie du cercueil et faisait même de petites indiscrétions, initiant ses enfants à certains signes franc-maçonniques, au grand scandale de son beau-frère Schauenberg, franc-maçon des plus zélés et des plus stricts. Du reste, jusqu'à la fin de sa

vie, il conserva involontairement la manière franc-maçonnique de frapper aux portes.

Dès son enfance il avait eu au cœur un profond et vif
amour de la patrie, et voyant la tournure rétrograde et
despotique que prenait le gouvernement de Charles X,
il se fit affilier à une société de carbonari. Il n'y siégea
pas longtemps, car il ne tarda pas à découvrir en eux
une association de conspirateurs qui cherchaient une
révolution pour servir leur propre intérêt et non,
comme il l'avait cru, une réunion de patriotes n'ayant
qu'un seul et noble but : le bien, la prospérité, la gran-
deur de la France.

Au mois de février 1827 se maria votre tante Élisabeth Kohler, l'aînée des sœurs de votre grand-père, qui
obtint de ses chefs un congé pour pouvoir assister à la
noce. Son temps était des plus limités ; il arriva à Mulhouse le matin seulement du mariage, et ceux qui le
soir voyaient en lui le danseur le plus intrépide de la
fête, n'auraient certes pas deviné, s'ils ne l'avaient su,
qu'il venait de passer trois jours et quatre nuits en diligence ; encore moins le lendemain où il recommença
de plus belle à la fête des cadeaux, car la coutume des
voyages de noce n'étant pas encore introduite, les jeunes mariés restaient chez eux à recevoir leurs cadeaux,
et terminaient en dansant la première journée de leur
union.

Toute sa famille eut naturellement grand plaisir à
revoir Jacques Laederich, que sa tenue soignée et élé-

gante, son aisance, sa galanterie faisaient reconnaître pour un vrai Parisien. Son père seul trouva un sujet de mécontentement à lui voir porter des lunettes, et ne voulut d'abord pas sortir avec lui pour cette raison; mais sa femme lui fit comprendre qu'il valait encore mieux se promener avec un fils en lunettes que de le faire prendre pour un impoli par toutes ses connaissances que sa vue basse ne lui aurait pas permis de reconnaître et de saluer. Peu après il retourna à Paris, heureux d'avoir revu sa famille, d'avoir reçu par les nombreuses invitations de ses chefs la preuve de leur estime et de leur affection, et recommandant à sa bonne mère de ne pas négliger les envois de Schenkeles et autres pâtisseries mulhousoises, qu'elle lui faisait à chaque occasion. — Ce second fils était son préféré, elle m'a dit plus d'une fois : « Jacques ne m'a jamais causé ni chagrin, ni tourments. » — Lui aussi n'oubliait pas les absents, sa jeune sœur Sophie, âgée de quatre ans seulement lors de son départ pour Paris, avait reçu une belle poupée et d'autres cadeaux qui avaient mis son frère Jacques bien haut dans son affection.

En 1830 une révolution mémorable dans l'histoire éclata et précipita dans l'exil le roi Charles X, qui par des ordonnances demeurées tristement célèbres, avait tenté de replonger la France sous le régime despotique de la monarchie absolue, et d'anéantir toutes les libertés que le peuple avait si chèrement acquises par la grande Révolution de 1789. Paris se souleva, la garde nationale prit les armes et votre grand-père se trouva faire partie d'un détachement qui alla occuper la Banque de France. Une patrouille de soldats venant à passer, répandit la fausse nouvelle du retour du roi à la tête de l'armée ; la panique se mit dans le poste de gardes nationaux, suivie d'un sauve-qui-peut général, et votre grand-père, après avoir caché son fusil dans la cave d'un passage, près du Palais-Royal, se dirigea d'un autre côté. Un peu plus tard il rencontra son cousin et ami G. Zipélius et tous deux allèrent ensemble aux bureaux du *Constitutionnel* pour souscrire en faveur des familles des blessés des combats précédents. A son retour il voulut reprendre son fusil, mais il avait disparu.

Ce fut à cette époque que la maison Schlumberger-Grosjean n'ayant pas fait de brillantes affaires entra en liquidation, et votre grand-père ayant refusé une offre d'association qui lui fut faite par M. Morisset se décida à revenir dans sa ville natale et fonda avec un de ses parents une maison de calicots écrus et de drogues.

Cette association dura jusqu'en 1838. — En 1834, votre grand-père épousa sa première femme, mademoiselle Marie-Louise Weiss, amie intime de votre tante Élise Schauenberg. D'une santé très délicate, elle mourut trois ans après sans lui laisser d'enfants. L'année suivante il fonda, avec M. Pierre Kullmann, la maison de calicots écrus et blancs Laederich et Kullmann, la première dans son genre, et, le 21 février 1839, il se fiançait avec votre grand'mère, Sophie Rott, seconde fille de

M. Daniel Rott et d'Élisabeth Mansbendel. À la noce de mon oncle H. Mansbendel avec mademoiselle Marguerite Hirn, sœur de madame Guth, j'avais pour la première fois fait plus ample connaissance avec votre grand-père qui m'avait été donné comme cavalier; depuis lors je l'avais revu presque chaque semaine chez ma grand'mère Mansbendel, où nous nous amusions généralement à jouer aux cartes. Ce fut là qu'un soir d'automne, tandis qu'on nous offrait des raisins, j'en pris un rouge en disant : « Ce sont ceux que je préfère. » Un éclat de rire général accueillit cette remarque : « Ah ! tu préfères les rouges, s'écria-t-on. » Votre grand-père raconta souvent depuis lors malicieusement, qu'il avait pris ma naïve exclamation pour un encouragement, ayant alors les favoris d'un blond des plus ardents.

Ce mariage combla de joie mon cher père, car il trouvait en Jacques Laederich le gendre selon son cœur, qu'il avait toujours rêvé. Il fut également flatté de l'empressement du fiancé qui cherchait à témoigner de toutes façons son grand contentement. Il ne fut bruit dans toute la ville que de la riche corbeille de noce que je reçus de Paris, chose alors inouïe et qui contenait outre la toilette de mariée, deux autres belles robes toutes confectionnées, un chapeau blanc garni de marabouts, etc.

Notre noce fut célébrée le 2 mai 1839, toute la parenté, les amis furent conviés à un grand dîner de soixante couverts. Le chef de cuisine tint à honneur de déployer tous les raffinements de son art et servit un

repas princier. Voici une partie du menu dont je n'a
retrouvé que la fin :

Les quartiers de chevreuil piqués.
Les dindonneaux bardés.
Les cochons de lait anglais.
Les faisans truffés.

8 grosses pièces sur socles.
Les galantines de poulardes truffées.
Les terrines de Nérac.
Les buissons d'écrevisses.
Les jambons de Bayonne.

Pièce de milieu.
Le pâté de foies gras.

8 grosses pièces de pâtisserie.
Les nougats à la parisienne.
Les gâteaux napolitains.
Les gradins garnis de petite pâtisserie.

12 entremets quadruplés.
Les haricots verts à l'anglaise.
Les petits pois à la française.
Les asperges en branches, sauce au beurre.
Les choux-fleurs à l'espagnole.
Les macédoines de fruits à l'étendard.
Les bavarois d'avelines rubannés.
Les plum-puddings polonais.
Les gâteaux d'Haïti à la dame blanche.
Les biscuits de Savoie décorés.
Les flans d'amandes.
Les beignets alsaciens.
Salade de saison.
Dessert analogue au dîner.

Le repas fut des plus animés. Voici un des nombreux
toasts portés à cette occasion. Il fut prononcé par un de

nos amis communs, M. Iungnikel professeur de musique, dont l'esprit et la gaieté communicative étaient appréciés par tous ceux qui le connaissaient :

Am 2ten May 1859.

1   Hört Freunde, im fröhlichen Kreise
Erschall auch ein fröliches Lied
So echt nach elsässischer Weise
Eh' uns das Brautpaar entflicht.

2   Das Plätzchen in dem wir schmausen
Stand vor wenigen Iahren noch nie
Denn damals gab's wohl in Mühlhausen
Gewiss kein Hôtel de Paris.

3   Es stand dort ein altes Gebäude
Man nannt es : das Wirthshaus zum Bok
Der Wirth machte dort für viel Leute
Manch schönes paar Hosen und Rok.

4   Doch in der Cultur schritt man weiter
Man baut und vergrössert das Haus
Nun gukte statt einen Herr Schneider
Ein freundlicher Gastwirth heraus.

5   Doch einer von seinen zwei Söhnen
Ein wakerer und biederer Mann
Dem Fortuna öfters that fröhnen
Nahm später die Gastwirthschaft an.

6   Bald wurde das Plätzchen zu enge
Rott baute durch eig'nes Génie
Bald Häuser und Ställe in Menge
Und schrieb d'ran : Hôtel de Paris.

7   In glüklicher Ehe gesegnet
     Lebt er sonder Gram und Harm
     Die Kinderchen kamen wie geregnet
     In seinen offenen Arm.

8   Als guter Familienvater
     Für jeden ein Freund in der Noth
     Als Helfer wie auch Berather
     War immer Herr Daniel Rott.

9   Zum zweiten mal führet er heute
     Ein Kind in die Ehestandswelt
     Und doppelt sey für ihn die Freude
     Weil Rott sich zum Rothen gesellt.

10   Das Brautpaar, es möge hoch leben
     Stoszt wieder die Gläser an
     Und wünscht ihnen beim Saft der Reben
     Ein' glükliche Ehestandsbahn.

11   Ein Vivat Herr Rott auch nicht minder
     Stoszt an und wünschet dabey
     Das er für den nächsten Winter
     Zum zweiten mal Grosswater sey.

La journée se termina par un bal.

Le soir nous partions pour le plus charmant voyage de noce qu'on puisse imaginer. Mon père nous ayant prêté sa calèche attelée de deux beaux chevaux, c'est de cette manière aussi indépendante qu'agréable que nous fîmes le tour de la Suisse commençant par Bâle, Schaffhouse, Constance, Zurich, par l'Albis à Zug, Lucerne, pour terminer par Berne et Soleure.

Au bout de dix jours nous étions de retour et nous

nous installions à la *Porte Jeune*, au rez-de-chaussée de la maison qu'occupent actuellement Lhomme et Fischer ; les bureaux et magasins se trouvaient au fond de la cour. C'est dans le courant de cet été, que grand-papa fit faire mon portrait par son ami M. Eck, et je dois dire qu'habituée à une vie active, ces longues séances où je devais poser immobile me paraissaient mortellement ennuyeuses. Le mois de février 1840 nous amena le premier grand chagrin de notre vie conjugale ; notre premier enfant, un beau et fort garçon à peine donné nous fut repris ; ce fut un immense désappointement pour votre grand-père qui pleurait sur l'escalier, afin de ne pas augmenter mon chagrin par la vue du sien.

A cette époque, le canal de décharge n'étant pas encore creusé, presque chaque printemps la ville avait à subir de fortes inondations ; je me rappelle à l'âge de dix ans, en avoir vu une si considérable, que toutes les rues sans exception étaient changées en rivières sur lesquelles les habitants qui n'avaient pu se procurer de barque naviguaient dans des cuves à vin. Quand les eaux se furent retirées il était curieux de voir la rue du Sauvage, où habitaient plusieurs épiciers, sillonnée par des ruisseaux de mélasse et d'huile coulant des tonneaux défoncés, et auxquels femmes et enfants du peuple puisaient avidement.

Ces inondations avaient rendu à Mulhouse les rhumatismes, un mal populaire, auquel votre grand-père paya son tribut plus d'une fois dans sa vie et pour la première

fois cette année-là. — Aussi au mois de juillet 1840,
sur l'ordre du médecin, nous partions pour les eaux de
Baden-Baden. Cette ville était alors le grand rendez-vous
cosmopolite, elle attirait les étrangers par sa ravissante
situation et ses eaux bienfaisantes, mais surtout par sa
maison de jeu. Nous étions descendus à l'hôtel de la
Cour de Darmstadt, nous mîmes bien notre temps à
profit en visitant autant que possible les environs. Le
château de la *Favorite*, ancienne résidence des grands-
ducs de Bade, la maison de chasse du grand-duc, placée
dans un site charmant, la forêt de Kybourg à l'aspect
sombre et mystérieux avec sa ruine à laquelle je montai
sur un âne. Nous fîmes aussi l'ascension de la plus haute
sommité des environs. Au commencement du mois
d'avril 1841, nous allâmes habiter la cour *Wappler*, rue
du Temple. Voici la raison de ce changement de domicile :
La maison Laederich et Kullmann s'étant trouvée prise
pour une forte somme dans une faillite d'amis, accepta
pour se couvrir en partie, les bâtiments dits : « Petit-
Venise, » situés entre deux rivières, et servant de fa-
brique d'impression d'un côté, de bureaux et magasins
de l'autre. Ces derniers sont devenus un appendice de
l'école primaire et l'autre moitié sert de logements
d'ouvriers.

C'est là que naquit le 20 avril notre fille aînée Emma,
mignonne petite créature, et grande fut notre joie ainsi
que celle de mon père, qui raffolait des enfants. Nous
résolûmes de célébrer gaiement le baptême, d'autant

plus que nous en avions toutes les facilités : le rez-de-
chaussée de la maison que nous habitions se trouvait
inoccupé ; on nous permit d'utiliser un des salons pour
y dresser une table de vingt couverts. Le repas fut fourni
en partie par mon père. M. le pasteur Braun qui avait
baptisé Emma, assista au dîner et par sa gaieté et sa
bonne musique contribua à nous faire passer une charmante soirée, terminée par une petite sauterie.

En été grand-papa retourna seul à Baden-Baden, et au
mois d'octobre j'eus la douleur de perdre mon père, enlevé trop tôt à sa nombreuse famille, pour laquelle cette
mort fut un malheur irréparable.

Les cures à Baden-Baden n'avaient pas eu l'effet
désiré ; votre grand-père devint de plus en plus souffrant. En 1842 le médecin l'envoya pour la première
fois à Schinznach en Argovie, dont nous devînmes de
fidèles habitués et qui, dans la mémoire de nos trois
aînés, est resté comme le paradis de leur enfance. C'est
là que régulièrement notre petit Jacques signalait son
arrivée par une chute dont il se relevait avec plaies et
bosses. Mais j'anticipe, à ce premier séjour, il n'était
pas encore question de lui, car ce n'est qu'en 1843 que
nous naissait notre seconde fille Amélie.

Vous voyez que les premières années de notre mariage
se ressemblaient toutes en cela qu'aucune ne manquait
de nous amener à des eaux quelconques. En 1844 nous
partions pour Kreuznach, dans une des provinces rhé-
nanes, emmenant avec nous nos deux petites filles et

Françoise, la nourrice d'Amélie, qui resta à notre service pendant dix-huit ans. Votre grand-père était si attaché à ses enfants, qu'il ne craignait ni fatigues ni dépenses pour les emmener partout avec lui, et ce n'était qu'exceptionnellement et forcé par les circonstances, qu'il se décidait à s'absenter seul. Nous allâmes en chemin de fer jusqu'à Strasbourg et de là montâmes en bateau à vapeur, pour descendre le Rhin jusqu'à Bingen. Amélie était une enfant très vive, fort avancée pour son âge, donnant beaucoup à faire à sa bonne, et malgré toute sa surveillance, la petite en arriva à ses fins, c'est-à-dire à détacher son chapeau et à le lancer à l'eau.

Les eaux de Kreutznach ne produisirent aucun bon résultat. En automne votre grand-père se trouva plus souffrant que jamais et dut même garder le lit pendant plusieurs jours. Il était encore couché lorsque naquit notre fils Jacques, le 29 octobre 1844. Sa joie fut si vive, qu'il trouva la force de sauter à bas de son lit, pour aller embrasser son héritier et le bonheur se montra remède souverain. Ses douleurs disparurent peu à peu. Nous habitions alors la cour des Chaînes, rue des Champs-Élysées, où demeuraient aussi, les amis Kullmann, Guth-Hirn, Pierre Laederich-Kitz, au-dessus de nous la famille Bidlingmeyer-Vetter. L'été suivant votre grand-père fit l'acquisition d'un petit jardin situé chemin dit Espfad, un peu avant le châlet Schœn. Il devint notre but de promenade journalière.

En été, quand le temps le permettait, nous y soupions ; cela faisait le bonheur des enfants et bien souvent les acheteurs de Paris, de Lyon prirent part à ces repas champêtres.

Les années 1845 et 1846 nous revirent à Schinznach, les enfants grandissaient et commençaient à apprécier ces voyages annuels ; nous partions à quatre heures du matin, dans une grande voiture de louage qui avait imposante tournure, car sur le haut on entassait mille objets divers, dans une bâche imperméable et par-dessus encore la voiture d'enfant ; cela formait une vraie pyramide. A Bâle se prenait le déjeuner ; à Stein, sur le Rhin, arrêt de deux heures pendant lequel nous dînions. Arrivés au pied du Bœtzberg, parents et enfants sortaient de voiture, et faisaient la montée à pied pour soulager les chevaux. A Brugg, nouvelle station, attendue avec impatience par les enfants fatigués de cette longue étape et avides de rafraîchissements. Enfin, entre six et sept heures du soir, nous étions rendus à Schinznach. Pour le retour nous prenions une route différente ; ma sœur Rosalie, mariée à M. Adolphe Muller, fabricant de tissus et habitant Zofingen, comptait toujours sur notre visite. En quittant Zofingen nous devions passer par la forteresse d'Aarburg dont les portes trop basses pour les chargements élevés de notre véhicule, exigeaient la descente de la voiture d'enfants.

Fin mars, en 1845 votre grand-père perdit sa mère vénérée qui, aveugle depuis deux ans, donnait à son

entourage le touchant exemple d'une grande infirmité
supportée avec patience et une joyeuse résignation.
Avant de quitter cette terre elle eut encore la grande
joie de toucher et d'embrasser son petit-fils Jacques, que
je lui avais apporté sur son lit.

En 1846, votre grand-père retourna seul une seconde
fois à Schinznach pour en revenir assez tristement, s'é-
tant cassé la clavicule et, malgré ces deux cures, il passa
un mauvais hiver. Sur ces entrefaites, notre médecin
et ami le Dr Mühlenbeck, à qui après Dieu nous devions
la vie de notre petite Amélie, ayant été emporté à la
fleur de l'âge par la fièvre typhoïde, votre grand-père
prit à sa place le docteur B... qui, plein d'enthousiasme
pour les bains allemands, dénigra fortement Schinznach
pour promettre monts et merveilles des eaux thermales
d'Aix la Chapelle. Ce fut bien à contre-cœur que nous allâmes nous enterrer au fin fond de la Prusse rhénane, et je
n'ai conservé de ce séjour que d'amers souvenirs. Déjà,
le début en fut triste : enfin arrivés à destination, après
un long voyage, ce ne fut qu'à grand'peine que nous
obtînmes nos bagages; grand-papa nous avait installés
dans l'omnibus de l'hôtel Dremel, tandis qu'il réclamait
nos malles introuvables au milieu de montagnes d'effets.
Nos voisins d'omnibus s'impatientaient, le cocher mau-
gréait, j'étais sur des épines lorsque heureusement apparut grand-papa suivi d'un portefaix chargé de nos
colis. Arrivés à l'hôtel, on nous servit à souper à part,
dans la grande salle, en même temps que la table

d'hôte ; soudain, la musique se fait entendre ; Emma éclate en sanglots disant : « Je voudrais être à la maison, retournons à la maison ; » son père tout attendri de voir son petit chou pleurer avait les larmes aux yeux, un peu plus et toute la famille aurait fait concurrence aux musiciens par un concert genre larmoyant.

A peine grand-papa avait-il pris une dizaine de bains qu'il fut saisi par de violents maux de tête, lui qui n'en avait eu de sa vie. Il consulta immédiatement le médecin qui le rassura, disant que c'était d'un excellent augure, que les rhumatismes se déplaçant, s'étaient portés momentanément à la tête. Néanmoins les douleurs allèrent en augmentant, si bien que pauvre votre grand-père passait bien des journées au lit, tandis que dans l'après-midi je le quittais, le cœur bien gros, pour aller avec Françoise promener mes trois petits enfants. Nous traversions les rues sombres de l'antique capitale de Charlemagne, pour arriver à la grande allée d'arbres séculaires, qui forme à la vieille cité une enceinte de verdure et était peuplée des gamins de la ville, de femmes et d'enfants. Que je me sentais triste et abandonnée au milieu de cette foule étrangère et indifférente, et souvent je refoulais mes larmes, aux huées des gamins qui avaient choisi le grand chapeau de Françoise comme but de leurs moqueries: Oh, madame, pourquoi sommes-nous venus ici ? me disait-elle d'un ton désolé. Bien des fois votre grand-père voulut repartir, mais le médecin arriva à le faire rester six semaines au lieu de quatre que devait durer la cure. Grâce à cette prolongation et à la mauvaise foi du maître d'hôtel qui avait compté plus que le prix convenu par semaine, il fallut pour pouvoir reprendre le chemin de la maison, emprunter de l'argent au docteur Zitterland. Enfin, nous voilà en route, et après une longue et fatigante journée nous atteignons Francfort vers onze heures du soir. Notre intention avait été de descendre à l'hôtel du Cygne, mais un autre hôtel nous ayant été conseillé, nous nous y faisons conduire. C'était le moment de la grande foire de Francfort, alors aussi célèbre qu'importante ; la ville était pleine d'étrangers, et les hôtels remplis de monde ; nous roulons d'hôtel en hôtel avec nos pauvres petits tombant de sommeil et de lassitude, sans réussir à trouver la plus petite chambre. « Voyons, cocher, dit votre grand-père, ne savez-vous absolument pas d'hôtel où nous puissions trouver de la place ? » — Ma foi, monsieur, il ne reste plus que l'hôtel de Russie où descendent les princes et les ambassadeurs. » — « Va pour l'hôtel de Russie ? » Nous nous arrêtons devant un bâtiment imposant ; un sommeiller arrogant jette un regard dédaigneux sur les petites têtes endormies. — « Nous n'avons plus de libre qu'un grand appartement, du ton : « Bons bourgeois, ce n'est pas votre affaire. » — « Quel en est le prix, dit grand-papa, je pense que ce ne sera pas la mort d'un homme. » — « Dix-huit florins (40 fr.) par jour. — « Bien, veuillez nous y conduire. » Nous n'eûmes pas le temps d'admirer les splendeurs du grand appartement, car après un souper précipité et deux ou trois heures d'un sommeil fiévreux, nous repartions à cinq heures pour Strasbourg. Il était temps d'arriver en pays de connaissance, car la dépense imprévue de l'hôtel de Russie avait fait un trou dans la bourse déjà légère de votre grand-père. Le maître d'hôtel de la Maison-Rouge où nous prîmes quelques bouchées, sans même nous asseoir de peur de manquer le train, nous prêta vingt francs, et après sept heures du soir, nous bénissions Dieu d'être rentrés chez nous. Ce malheureux voyage fut le prélude d'un des plus tristes et plus sérieux hivers de ma vie. A mesure que la saison avançait votre grand-père devenait de plus en plus souffrant surtout de douleurs affreuses dans l'arrière-tête. A la fin de l'année la maladie augmenta tellement, qu'il ne put plus aller au bureau et endura pendant des mois un vrai martyre ; le moindre attouchement lui causait une douleur inouïe, et souvent le mouvement le plus simple, comme d'ouvrir la bouche pour parler ou manger, lui arrachait des cris. Et pourtant jamais il ne resta une journée au lit ; grâce à une énergie surhumaine il parvenait à passer une robe de chambre et à gagner son fauteuil ! — « Je ne voulais pas rester couché, me dit-il plus tard, parce que j'avais peur de ne plus me relever. » Le docteur B... ne savait trop à quelle cause attribuer ce triste état, mais ne cachait pas à M. Kullmann qu'il considérait votre grand-

père comme perdu. Tous les jeudis venait en consulta-
tion le professeur Iung de Bâle ; on essayait de différents
traitements, mais le mieux ne se faisait guère sentir.
En même temps, l'horizon politique s'assombrissait de
plus en plus. Tous les esprits étaient agités, inquiets,
les affaires allaient mal. Nous en ressentîmes malheureusement le contre-coup ; ma mère dut vendre l'hôtel
de Paris. Le jour de la vente ayant été fixé au 28 février, quatre jours après la révolution qui chassa Louis-
Philippe du trône, cette grande et belle propriété
se vendit bien au-dessous de sa valeur, et votre
grand-père perdit des sommes importantes qu'il y
avait engagées. — Tous les jours à onze heures et
demie, M. Kullmann apportait le courrier à son associé et venait discuter les affaires avec lui. Dès que
je le voyais traverser la cour, mon cœur se mettait
à battre, car chaque jour apportait quelque autre
triste nouvelle ; c'était la maison de Paris qui réclamait des fonds, ou bien l'annonce d'une grève des
ouvriers : il s'en forma une bande qui allait de maison
en maison réclamer des secours et bien souvent joi-
gnait des menaces à la prière. Quand la probabilité de
cette visite peu agréable fut connue, tous les ména-
ges de la cour des Chaînes s'entendirent pour
donner la même chose. Le lundi de Pâques ces quêteurs
arrivèrent chez nous, je les introduisis auprès de mon
cher malade, qui, malgré la difficulté qu'il avait à s'exprimer, leur parla au cœur, leur démontrant par quel-

ques paroles sérieuses que la route où ils s'étaient engagés n'était pas la bonne ni celle qui servirait leurs intérêts. Je vis ces pauvres gens changer de visage, ils allaient se retirer émus, sans rien demander, si je ne leur avais remis notre cotisation.

Un jour, M. Kullmann fort inquiet des nouvelles qui circulaient en ville à propos de l'esprit qui animait les ouvriers, arriva à l'heure habituelle : « Je suis décidé, nous dit-il, à envoyer ma femme et mes enfants en Suisse auprès de mon père, et toi, Jacques, si tu peux supporter le voyage, tu devrais y aller aussi avec ta famille, sinon au moins te retirer à Bâle. » Nous en causâmes pendant le dîner et notre conclusion fut de nous confier à notre Père céleste en restant chez nous. — Dans l'après-midi, madame Kullmann vint pour connaître notre décision, son avis à elle était aussi de ne pas quitter son mari dans des temps aussi graves.

Enfin l'hiver arriva à sa fin et les troubles se calmèrent. Vers le printemps les médecins ordonnèrent à votre grand-père des poudres qu'il devait prendre en augmentant peu à peu la dose. Elles devaient avoir une action stimulante pour combattre un abattement général. Au bout de quelques semaines, le docteur quoique venant tous les jours n'ayant plus parlé de ces poudres, je pris le courage de lui demander si mon mari en devait continuer l'usage. — « Comment, il les prend encore, s'écria-t-il tout effrayé, qu'il cesse au plus vite. » — Je suivis son avis, mais quel ne fut pas mon effroi quand je vis après un jour d'interruption l'effet de cette mesure. Votre grand-père tomba daus un état de faiblesse extrême comme s'il allait reudre le dernier soupir. Je fis chercher M. B... au plus vite. — « Avez-vous cessé ces poudres du coup, me demanda-t-il ? — « Mais oui, docteur, comme vous me l'avez ordonné. » — « Quelle imprudence ! recommencez à en donner, puis diminuez graduellement, comme nous avons augmenté en commençant. » Puis il nous engagea à faire double cure à Schinznach aussitôt que la saison serait ouverte.

En y allant au mois de mai, nous nous arrêtâmes à Bâle pour consulter encore le professeur Jung; votre grand-père, lui ayant raconté ce trait caractéristique des distractions du docteur B..., le professeur Jung s'écria en lui frappant sur l'épaule : — « Na, mein Freund, Sie haben einen guten Kasten, dass Sie es ertragen haben können. »

A ne juger que d'après les apparences cette année 1848 paraît une des plus tristes de notre vie conjugale : elle nous apporta des épreuves de tous genres, de grandes pertes d'argent, et cette longue et grave maladie de votre grand-père dont il porta des traces jusqu'à la fin de sa vie, sa nuque en resta raide, et sa tête, ébranlée pour toujours par la funeste disposition à ces violentes douleurs qui le reprenaient toutes les quelques années et occasionnèrent, à force de se répéter, cet état nerveux, ces dispositions à la mélancolie qui le firent tant et si longtemps souffrir. Eh bien ! il n'est guère d'année pour

laquelle nous devions plus de reconnaissance à notre
Dieu, car ces épreuves furent bénies pour nous, en nous
amenant à lui. Les souffrances, les angoisses nous ap-
prirent à prier, à mettre notre confiance en cette main
paternelle dont les plus sévères dispensations sont des
voies d'amour. A partir de ce moment nous introduisîmes
un culte de famille dans notre intérieur et nous prîmes
surtout à cœur d'élever nos enfants dans la crainte de
Dieu et de leur enseigner l'amour de Jésus, le fils de
Dieu venu pour nous sauver.

Cette année encore, comme les deux suivantes, votre
grand-père fit double saison à Schinznach. Nous revînmes
à Mulhouse au mois de juillet pour quitter la cour des
Chaînes, sur le conseil du médecin qui trouvait notre
appartement trop froid, et allâmes nous installer à la
Porte-Haute dans la première des grandes maisons pré-
cédant l'école de dessin et portant le n° 1.

C'était une de ces bonnes et antiques maisons, avec
immense vestibule, vastes corridors, et vos parents
pourront vous dire quels bons jours ils y ont passés, et
combien ils s'y démenaient tout à leur aise. Les deux
petites filles avaient à côté de la salle à manger une
petite chambre consacrée à leurs poupées et joliment
meublée de petits meubles à leur taille. Le jardin,
quoique modeste, avait un grand berceau de vignes et
quelques cornouillers qui produisaient de ces petits fruits
en abondance. — Votre grand-père avait, à plusieurs
reprises, déjà essayé d'un traitement à l'iode, mais

M. B... le lui faisait prendre à si fortes doses, qu'il ne pouvait le supporter. C'est alors qu'un de ses amis lui communiqua une nouvelle méthode d'employer l'iodure de potassium, qu'il tenait d'un chirurgien militaire. En dépit de l'incrédulité de notre Esculape, ce médicament réussit à merveille : la nuque se déraidit légèrement, et les douleurs de tête devinrent plus supportables. Après la cure de 1859, votre grand-père fut pris d'une subite et complète surdité. Depuis quelques mois déjà il souffrait d'une extinction de voix. Il exposa son état au docteur qui le trouva assez grave puisqu'il me dit : « Il faut que je le suive de près » — puis ne reparut plus. Ceci nous engagea à changer de médecin ; nous consultâmes M. Stakler, médecin et ami de mes parents, qui nous devint à la fois un médecin dévoué et un ami bien cher, que la mort enleva trop tôt à sa brillante carrière. C'est au printemps de 1859 que sa famille et ses amis eurent la douleur de le perdre. Votre grand-père profita de ce changement de médecin pour parler d'une cure d'eau froide qu'il désirait entreprendre depuis longtemps et dont le docteur B... l'avait sans cesse dissuadé, lui disant qu'il lui faudrait alors faire une absence d'au moins six mois. M. Stakler au contraire l'y engagea vivement. J'allai aux renseignements et entendis parler de l'établissement d'Albisbrunn fondé par le docteur Brunner. Je dois dire que ce projet ne me souriait qu'à moitié : l'hydrothérapie en était à ses débuts, les cures exagérées, le régime d'une sévérité outrée introduits par Priesnitz qui avait créé le premier établissement de ce genre, n'étaient pas faits pour encourager et attirer. C'est pourquoi il fut résolu que j'accompagnerais d'abord seule votre grand-père, afin de pouvoir sur les lieux et en saine connaissance de cause nous décider à faire venir les enfants. Dans la diligence de Bâle à Zurich, il se trouva que nous occupions le coupé avec une demoiselle Escher von der Linth habitant Zurich. La conversation s'étant engagée, elle apprit que nous allions à Albisbrunn. — « Eh comment! s'écria-t-elle, que j'en suis contente! Veuillez bien saluer de ma part cet excellent docteur Brunner auquel, après Dieu, je dois la santé. » Là-dessus je lui exprimai mes appréhensions au sujet de cette cure si différente de celles que mon mari avait entreprises jusque-là ; elle me rassura complètement en me racontant la belle réussite de sa cure, et de bien d'autres qui faisaient le plus grand honneur au talent et au dévouement du docteur Brunner.

Cette rencontre m'ôta un poids du cœur et nous traversâmes l'Albis le cœur rempli d'une joyeuse espérance et des souvenirs de notre voyage de noce, qui nous le firent paraître plus beau que jamais. C'est le 7 avril 1851 que nous fîmes notre entrée dans cet Albisbrunn qui devint si cher à votre grand-père, qu'il le considérait presque comme un second chez lui, et dans les environs duquel il eut maintes velléités d'aller finir ses jours, en y achetant une petite campagne, projet dont j'eus souvent bien du mal à le détourner. Aussi quel beau pays et où trouver réunis à une hauteur relativement peu considérable, l'air si particulièrement vivifiant, la vue aussi belle qu'étendue qui font de cet endroit un séjour agréable et fortifiant entre tous. L'établissement lui-même, situé sur un plateau, tourne le dos à l'Albis pour avoir de face l'admirable chaîne des glaciers Bernois ; montez un peu et vous apercevez au pied du majestueux Righi, les eaux azurées du lac de Zoug ; gravissez quelques-unes des trois cents marches de ce célèbre escalier qui conduit au haut de l'Albis, et qu'un curiste consciencieux doit escalader chaque matin avant le déjeuner, et vous voyez le bout du lac des quatre cantons aboutissant à Kussnacht ; encore un effort, gagnez la crête et vous voici, essoufflés, je n'en doute pas, mais bien récompensés de votre effort par un spectacle admirable, car vous avez à votre choix la vue des deux versants de l'Albis, d'un côté celle que je viens de décrire et de l'autre, la continuité de la chaîne des Alpes jusqu'au Sentis, et le riant tableau du lac de Zurich qu'on dirait un fleuve limpide bordé de villages coquets et ensoleillés, et sillonné par bateaux et barques de tous genres.

Notre première impresssion fut donc excellente. Le docteur Brunner, après avoir entendu un récit détaillé des souffrances de votre grand-père, ne promit rien, mais dit qu'il fallait essayer pendant quelques jours. — De plus, il nous dit que la cure hydrothérapique était on ne peut plus fortifiante pour de jeunes enfants, et nous conseilla de les amener chez lui, au lieu de les conduire à Schinznach comme j'en avais l'intention. Nos premiers jours se passèrent à explorer le pays, et chaque promenade nous causait une jouissance nouvelle ; un de nos premiers buts fut de suivre la grande route de Zoug pour visiter le monument du réformateur Zwingli, élevé presque à la place même où il tomba à la bataille de Cappel perdue par les protestants dans la guerre de religion de 1531 ; de là, nous poussâmes jusqu'au village de Cappel qui possède une ancienne et remarquable église gothique et un couvent que les moines ont quitté depuis longtemps. J'avais très chaud, la fraîcheur de l'église me saisit à tel point, que j'en emportai une affreuse névralgie, mal auquel j'étais alors fort sujette.

Quelques jours plus tard, un temps splendide, mais étonnamment chaud pour la saison, nous engageait à tenter l'ascension de l'Albis ; notre admiration en face de cette belle nature nous fit oublier l'heure et le temps, et nous fûmes surpris tout à coup par un violent orage. Nous redescendîmes au plus vite et par le plus court chemin grâce à un brave paysan qui voulut bien nous le montrer, et regagnâmes l'établissement trempés jusqu'aux os. Je dus aller souper en robe de chambre, mon bagage étant des plus minces, comme je n'avais pas compté rester plus de huit jours, mais cette aventure me servit bien en me débarrassant de ma névralgie. — Le lendemain je repartis pour Mulhouse, car, au bout de huit jours des cloches s'étant formées aux

jambes de votre grand-père, le docteur y vit un fort
bon signe et la preuve de l'activité de la peau ; il m'engagea donc à aller chercher nos enfants et à prendre
toutes mes mesures pour une longue absence. — A
Mulhouse, je ne m'accordai que le temps de préparer
ma garde-robe d'été et celle des enfants et d'installer
dans mon ménage ma sœur Émilie Beuner dont le mari
était alors en Amérique, et à laquelle je remis la garde
d'Élisa Mauler, petite nièce de deux ans, que nous ve-
nions d'adopter à la mort de sa mère, sœur de votre
grand-père. Dans cette circonstance comme dans bien
d'autres, votre grand-père se montra plein de généro-
sité et de dévouement : il agit envers sa famille et la
mienne, non pas seulement en frère et en beau-frère,
mais en père. Puis nous repartîmes pour Albisbrunn,
voyage qu'on considérait alors comme long, puisqu'il
fallait plus de deux jours pour le faire, tandis qu'à présent on peut aller et revenir en un seul jour. A Zurich,
la foule était si considérable au débarcadère à cause
d'une fête le lendemain, que n'y découvrant pas mon
mari qui devait venir à notre rencontre, je me sentais
toute perdue avec mes trois petits enfants, lorsque
heureusement je rencontrai une connaissance de
Schinznach qui m'aida à traverser la multitude, et finalement je rejoignis votre grand-père. Il nous installa
à l'hôtel Baur en face de la poste, pour y passer la nuit.
Le lendemain, nous prîmes tous la diligence qui traversait l'Albis, les enfants, impatients d'atteindre enfin

le but du voyage, ce séjour charmant dont je leur avais fait une description des plus attrayantes, pour diminuer leurs regrets de ne pas retourner à Schinznach, paradis de leur enfance — comme le fut plus tard Wattviller pour certains petits enfants de ma connaissance. — Hélas ! grand fut leur désappointement, l'Albis nous avait préparé une de ces déceptions dont il est coutumier au printemps : une pluie diluvienne qui dura plusieurs jours sans interruption et empêcha les promenades ; un brouillard impitoyable qui masquait jusqu'aux premiers gradins de la montagne, et les arbres que j'avais laissés tout en fleurs, avaient perdu cette parure printanière qui donnait à toute la campagne un air de fête. Nous habitions une grande chambre sans poêle, où les enfants transis, pris d'ennui, réclamaient à grands cris leur bien-aimé Schinznach et les petits amis qu'ils y retrouvaient chaque année, tandis qu'ici, vu la saison peu avancée, ils étaient seuls de leur âge. — Enfin vint un beau mois de mai qui, en changeant le décor, ramena gaieté et contentement aux petits mécontents.

Nous avions avec nous notre nièce S. Kohler qui souffrait constamment de violentes migraines. Le 2 mai étant arrivé, pour le célébrer, nous fîmes en compagnie d'un Polonais venu en même temps que nous et avec lequel votre grand-père s'était lié, une grande expédition à Zug où nous dînâmes à l'hôtel du Bœuf rouge, où nous avions logé comme jeunes mariés et qui était dirigé par une nombreuse famille d'une façon toute patriarcale. — A mesure que venaient les beaux jours, nos enfants s'acclimataient et faisaient bonne connaissance avec ceux du docteur Brunner qui avaient à ce moment une excellente institutrice. Elle était très forte en botanique et savait donner un grand intérêt aux promenades que la joyeuse bande faisait journellement. Par les jours de pluie elle éloignait l'ennui en leur découpant et en leur peignant des poupées en carton qu'elle revêtait ensuite d'éclatants vêtements en papier.

Peu à peu la société augmenta et d'une façon fort agréable, nous fîmes bonne connaissance avec de charmantes Écossaises et avec une famille des environs de Guebviller. Votre grand-père sentait de plus en plus les bons effets de la cure ; seulement, par ce fait que sa nature l'inclinait à tout surfaire, il exagéra les prescriptions du docteur, surtout en ce qui concernait la nourriture ; et pourtant à cette époque la table d'Albisbrunn était si simple, que le moindre excès eût été impossible; le soir on n'avait pas de viande, l'eau était la seule boisson tolérée et le laitage du souper était accompagné des célèbres schnitz dont on a tant ri depuis. Le résultat de ce régime par trop ascétique fut une si grande faiblesse dans les jambes, qu'au bout de sa cure grand-papa pouvait à peine faire le tour du jardin, et les gentilles Écossaises qui s'étaient intitulées ses petits chevaux le traînaient en riant autour de la grande pelouse dans une voiture d'enfants.

Après plus de trois mois d'absence, nous rentrâmes à Mulhouse où nous attendait un nouveau déménagement. M. Kullmann avait acheté la propriété du faubourg de Bâle où l'on transféra les bureaux. Votre grand-père, pour s'en rapprocher, décida d'occuper la maison d'habitation située sur le devant de la cour. C'est bien à regret que je quittai, au mois de novembre, la bonne vieille maison de la Porte-Haute dont j'eus l'ennui pendant bien des semaines, quoique notre nouvelle habitation fût plus moderne et plus confortable.

L'hiver se passa pour votre grand-père mieux que les précédents, aussi au printemps jugea-t-il suffisante une cure de six semaines à Albisbrunn ; les enfants comme toujours vinrent avec nous et revirent avec joie leurs amis Brunner dont ils avaient conservé le meilleur souvenir.

Le 25 octobre 1852 une nouvelle recrue vint s'ajouter à notre famille sous forme d'un brun petit personnage que nous appelâmes Clara. Les aînés étaient à cet âge où l'on sait apprécier les poupées vivantes et furent ravis de l'arrivée de leur petite sœur. Même Jacques auquel je demandai ce qu'il désirait pour le 29 octobre, jour auquel il devait atteindre huit ans, me répondit — « J'aimerais bien qu'on me donnât encore un petit frère. » Cet automne fut remarquablement beau et doux, et chaque jour immédiatement après le dîner, grand-papa qui n'avait plus de courses régulières à faire depuis qu'il habitait dans le même enclos que les bureaux, venait avec moi et le baby se promener jusqu'à notre petit jardin où nous eûmes des roses jusqu'au mois de décembre.

L'hiver se passa bien pour votre grand-père et dès le mois de mai nous partions pour Albisbrunn emmenant la nourrice et le baby pour lequel le docteur Brunner, devenu notre ami, se prit d'une telle affection qu'il se proposa comme parrain. Cet été-là l'établissement était plein d'Alsaciens formant une joyeuse bande, comme une seule et même famille, qui chaque jour s'en allait par monts et par vaux à la découverte de quelque site inconnu. Notre petite fille était toujours de la partie avec sa voiture et sa nourrice, et plus d'un curiste flattait le penchant prononcé du brave docteur par de la gymnastique improvisée et souvent nécessaire pour faire traverser au petit équipage torrents et ruisseaux. Ces courses folles, ces tombées subites d'une bande altérée dans quelque* petite auberge de village en rassemblaient souvent tous les curieux habitants. « Voici les fous d'Albisbrunn, » disaient-ils, car cet établissement fut dans le début considéré dans le pays comme une maison d'aliénés, grâce aux bavardages de quelques naturels ; passant un jour au moment des exercices calisthéniques qui se pratiquaient avant le dîner sous un hangar, ils avaient pris les patients du brave docteur pour une société en démence.

Nous fîmes aussi à cette époque bonne connaissance avec M. de Stetten, qui s'intéressait tout particulièrement à notre petite Clara, ayant dû laisser à la maison son enfant du même âge dont il constatait, quoique absent, les progrès par ceux de sa contemporaine.

A son retour votre grand-père trouva, par l'acquisition d'une propriété qu'il avait faite au printemps, un grand sujet d'occupations et d'intérêt. Depuis longtemps les médecins lui avaient ordonné d'habiter hors de ville, et de prendre le plus de mouvément possible à l'air comme mesure indispensable pour fortifier sa tête. Malgré les grandes pertes d'argent éprouvées en 1848, Dieu avait tant béni son travail, qu'il pût déjà en 1853 acquérir une vigne contenant la célèbre Winzerhutte, maison qui servait de lieu de rendez-vous aux bourgeois désignés pour la garde des vignes en automne et où se donnait le bal des vendanges; plus un jardin potager, un verger et une ferme qui y attenaient. La plus grande partie des vignes fut arrachée; la ferme resta debout et existe encore, mais la Winzerhütte disparut pour faire place au coquet et gracieux chalet qui jusqu'à la guerre fut la plus jolie habitation du vignoble.

— C'est près d'Albisbrunn, dans une belle campagne appelée le Homberg, que grand-papa en avait découvert le modèle, il lui emprunta aussi en partie l'ordonnance du jardin. Vous ferai-je la description de notre chère Sapinière, qui est restée pour vos parents comme l'incarnation de leur bon vieux temps et où ils passèrent les plus heureuses années de leur jeunesse. Si Aimé cher-

che bien au fond de sa mémoire, peut-être retrouvera-
t-il le jardin de là-haut dont il parlait encore à l'âge de
quatre à cinq ans et où il exécuta ses premières gambades. — Ce qui en faisait le charme principal avec la
vue splendide sur toute la chaîne des Vosges, c'étaient les
superbes sapins qu'on y avait plantés au nombre de
cinq cents, d'où le nom de Sapinière dont fut baptisée la
propriété. Quelques-uns avaient été enlevés à l'Albis par
votre grand-père lui-même et plantés sous ses yeux par
la petite Benjamine. Vous parlerai-je aussi de la belle allée
ombragée par des tilleuls et bordée d'une admirable
collection de roses haut-vent, du charmant escalier qui,
partant droit derrière la ferme, débutait par une petite
rocaille pour se perdre mystérieusement dans des sapins
qu'enlaçaient au printemps de gracieuses églantines?
et le petit Righi, joli monticule baptisé par les enfants en
l'honneur de la montagne familière à Albisbrunn, et la
Provence, joli coin abrité et parfumé toujours à l'abri du
vent? Je n'en finirais pas si je voulais énumérer tous les
coins et recoins de ce vaste jardin, où mieux que partout
ailleurs on pouvait jouer à cache-cache, aux gendarmes
et aux voleurs, et qui faisait en conséquence les délices
de toute la jeunesse qui souvent venait s'y amuser avec
nos enfants. — Vous jugez que tout l'intérêt de la famille
entière se porta sur le nouveau jardin et que l'ancien
délaissé, ne tarda pas à être vendu. Votre grand-père
avait naturellement à y exercer une fréquente surveillance car dès l'automne on commença la plantation du

jardin, on creusa les fondations et on amena tout le matériel nécessaire, afin de pouvoir dès le printemps pousser les travaux avec activité.

Les locataires de la ferme l'habitèrent encore un an ; ils avaient des vaches qui faisaient la joie des enfants. Nous avions aussi à cette époque un mouton, nommé Robin, qui nous accompagnait à chaque promenade et que la grande liberté dont on le laissait jouir dans le nouveau jardin, mettait tellement en folle gaieté qu'il renversait à moitié dans ses ébats sa petite amie Clara. La Winzerhütte resta debout jusqu'à l'achèvement complet de la maison, et c'est là que chaque soir de cet été nous prîmes notre souper au grand bonheur des enfants.

Au printemps 1854 comme d'habitude, départ pour Albisbrunn ; votre grand-père ne prolongea guère sa cure au delà de six semaines, car il était impatient de rentrer et de voir la tournure que prenait la jolie habitation dans laquelle il se réjouissait tant d'installer sa famille. Tout marcha à souhait, et le 17 septembre nous couchions pour la première fois à la Sapinière. Ce nous fut un jour d'inquiétude. La veille Emma était tombée malade d'un violent mal de gorge, il fallut la transporter en voiture. Amélie en rentrant de l'école devait apporter un remède de la pharmacie ; le temps se passait, elle ne revenait pas ; son père dans une inquiétude mortelle la voyait déjà tombée dans le canal, et voulait envoyer tout le personnel à sa recherche. Enfin

elle revint, et nous rassura en disant qu'il lui avait fallu
attendre longtemps à la pharmacie. Il faut vous dire qu'à
cette époque tout était bien différent d'aujourd'hui. Nos
seuls proches voisins étaient la famille Bœringer, qui n'habitait son chalet qu'en été ; quant à la rue de Bruebach,
elle ne se composait que de trois ou quatre maisons dont
celle de la famille Zetter. Aussi notre résolution étonna-
t-elle presque autant que si nous étions allés nous établir
en plein désert. Il nous fallut acheter un cheval, notre
brave Pollux qui nous servit fidèlement, et nous prîmes
comme cocher, François, le mari de la nourrice d'Amélie,
Françoise qui depuis six ans était notre cuisinière, et qui
passa alors aux fonctions de fermière en soignant les
poules, la vache et le porc.

Revenons-en au 17 septembre, un des plus beaux
jours de notre vie, où le cœur débardant de reconnaissance, nous franchîmes le seuil de notre nouveau home.
L'intérieur en était très simple, mais commode et agréable
à l'œil. Votre grand-père dans ses visites à ma sœur
Cécile Weber, à Netstal, avait toujours beaucoup admiré
les chambres boisées qui sont si répandues dans le canton de Glaris ; c'est pourquoi il s'en accorda deux : le
petit salon du premier étage donnant sur le large balcon
couvert, et au grenier une chambre à l'aspect parfaitement glaronnais. Il y avait encore par derrière une pièce,
le petit bijou de la maison, dont les moulures des parois
imitaient à s'y méprendre les boiseries de sapin ; la
lumière adoucie par des vitraux de couleur éclairait d'un

jour moelleux et mystérieux un plafond bleu de ciel, et un Christ en ivoire placé sous un petit chapiteau sculpté. tout l'ensemble portait au recueillement et à la méditation. C'est dans ce petit oratoire que votre grand-père tenait sa Bible de famille dans une bibliothèque murale uniquement composée de livres d'édification, qu'il écrivit les versets et la bénédiction placés en tête de cette Bible et que vous retrouvez sur les premières pages de ce récit. Un mobile de reconnaissance envers Dieu avait poussé votre grand-père à lui consacrer dans sa maison une pièce spécialement destinée à son culte, surtout en vue des dimanches où le mauvais temps nous empêcherait de nous rendre à l'église, il m'en avait fait une surprise, en tenant la porte hermétiquement fermée, quand je venais inspecter la nouvelle maison et ne m'y introduisit que le jour de notre entrée définitive.

Il va sans dire qu'en adepte passionné de la cure d'eau froide, votre grand-père donna une attention particulière au cabinet de bains, qui fut installé de façon à pouvoir y faire facilement force ablutions et lavages.

Notre premier hiver passé au vignoble fut des plus rudes et la neige si abondante que clôtures, barrières, tout était recouvert si bien que nous fûmes pendant quelques jours comme bloqués chez nous; grand-papa seul sortait pour aller au bureau, et les enfants ne se plaignaient pas de ces vacances inattendues.

Enfin vint le printemps et avec lui le moment de notre départ pour Albisbrunn ; c'est à regret que nous quittâmes pour quelques semaines notre chère Sapinière, plus attrayante que jamais alors que tout y devenait vert et fleuri.

Depuis quelques étés et pendant ses promenades à Albisbrunn, votre grand-père s'était senti pris de vertiges. En automne, il dut aller siéger à Colmar comme juré. Le tension de l'ouïe causée par sa surdité lui fatigua à tel point la tête qu'il dut rentrer, tellement souffrant qu'il ne pouvait marcher seul. Il obtint alors un certificat du médecin constatant sa surdité et sa disposition aux vertiges et fut en conséquence rayé de la liste des jurés.

En septembre, la Sapinière se remplit de visiteurs nombreux et bienvenus, c'était votre tante Schauenberg et ses quatre enfants arrivant de la Russie qu'elle habitait alors, pour placer ses trois fils à l'école professionnelle et passer avec nous l'hiver qui se montra très rude. Ma mère qui fut bien heureuse de revoir sa fille aînée après une séparation de sept ans, en venant nous voir par une journée très froide, fin novembre, se refroidit en route et fut tout de suite si souffrante qu'elle dut se coucher chez nous. Une pneumonie se déclara. Le quatrième jour l'inflammation céda, mais il se mit, dans la poche du cœur, de l'eau qui le neuvième jour occasionna sa mort. Elle avait toute sa connaissance et le matin pendant qu'elle était assise dans son fauteuil, après une prière faite par notre tante Rott, bénit ses enfants présents. Tous ne purent malheureusement pas avoir la consolation de recueillir son dernier soupir, la neige était si abondante que tout voyage en était ralenti. Vers neuf heures du soir, peu avant l'arrivée de ma sœur Bénner, elle eut une vision magnifique, les yeux levés en haut, elle murmura avec peine mais distinctement « O wie prachtvoll. » — Un peu après minuit, son âme s'envola vers les demeures célestes. Mes sœurs habitant la Suisse, Berthe en pension à St-Dié et mon frère Jean qui était à l'armée, n'arrivèrent que le lendemain.

Après le nouvel an, votre grand-père se trouva débarrassé de ses vertiges, et au printemps désira aller à Albisbrunn, quoique le médecin eût préféré un autre séjour à cause de ma santé très affaiblie. Il interrompit sa cure au mois de juin, pour revenir à Mulhouse assister au mariage de la fille aînée de M. Kullmann. Ce lui fut l'occasion de déployer un talent nouveau, celui de bien porter les toasts, talent devenu trop rare de nos jours, où la fièvre, l'activité de la vie, sans cesse augmentant, tout se résume, se réduit, devient laconique comme le style des télégrammes ou les conversations par téléphone. Je ne possède plus ce speech qui fit, quoiqu'en prose, bonne figure à côté des vers charmants « le Riflard » chanson moyen âge composée et débitée par M. Pierre Læderich, mais je puis par contre vous citer le toast prononcé par grand-papa l'année précédente au souper donné par nous à l'occasion des fiançailles de mademoiselle Emma Bœringer avec M. Jean-Jacques Guth.

« Buvons à la santé de nos chers aimables et jeunes « fiancés !

« La santé que j'ai l'honneur de vous proposer con-« siste en un seul vœu qui les résume tous. — Qu'ils « s'aiment toujours ! — L'amour dont ils sont naturel-« lement animés est frais et suave, il réfléchit une de « ces belles et riantes matinées du beau mois de mai, « alors que la nature sous un soleil brillant se pare de « sa fraîche robe de printemps et que tout y respire « l'amour et le bonheur ; eh bien, que ces jours qui sont « fugitifs leur survivent. Il n'y a pas de roses sans « épines, Dieu dans sa haute sagesse prodigue d'une « main libérale ses bénédictions, et de l'autre les « épreuves à ceux qu'il aime pour les attirer à lui. Je « souhaite donc que l'Éternel leur fasse la grâce de leur « conserver pendant tout le temps qu'ils s'appartiendront « cette suave candeur qui répand ce parfum de prin-« temps sur leur amour vivement et chaudement senti. « — Qu'ils vivent. »

Pendant que votre grand-père se trouvait encore à Mulhouse, mon frère Daniel tomba gravement malade et mourut au bout de peu de jours ; tante Élise, alors en Suisse auprès de sa belle-mère, était accourue pour le soigner.

A cette époque pour différentes causes que je ne puis

énumérer, votre grand-père se retira des affaires, mais il continua à aller au bureau le matin, jusqu'à la fin de la liquidation de la maison Læderich Kullmann et Cie.

Votre grand-père, par sa belle intelligence, son activité, sa droiture, son jugement sain, aurait été tout désigné pour rendre de grands services à sa ville natale, soit comme membre de la chambre de commerce ou du conseil municipal; malheureusement sa surdité et les maux de tête dont il devenait si facilement la proie, lui firent de la vie publique une impossibilité, à son grand regret et à celui de tous ceux qui le connaissaient et l'appréciaient. Il lui fallut donc chercher d'un autre côté une occupation qui pût remplir ses loisirs; tout en n'étant pas contraire à sa santé. C'est alors que s'éveilla en lui le jardinier passionné, l'amant des fleurs qui jusqu'alors avait sommeillé derrière le négociant préoccupé de ses calicots. Cette passion l'envahit tout entier et embellit pour lui jusqu'aux dernières années de sa vie quand il n'était pas trop souffrant. Il avait fait bâtir à la Sapinière une serre divisée en serre chaude et en serre tempérée; la première surtout était bien jolie avec sa rocaille garnie de plantes et le petit bassin dans lequel, d'un bruit paisible et monotone, venait se perdre l'eau qui filtrait doucement le long du rocher et son dôme de verdure formé de plantes tropicales à larges feuilles. De plus il y avait derrière la ferme, à côté du bûcher, une espèce d'autre serre, ou atelier, où l'on rentrait en hiver les grenadiers et lauriers et où l'on était sûr de le trouver quand on l'avait partout appelé et cherché en vain. C'est là qu'avec un soin tout paternel et la gravité qu'il aurait mise à présider aux destinées d'une nation, il faisait ses boutures, rempotait ses plantes, taillait, nettoyait, mélangeait des terres, et réussissait à faire de sa propriété un vrai paradis de fleurs, dont l'aspect, la tenue toujours irréprochable devinrent proverbiaux à Mulhouse. Du reste, sous ce rapport lui et son jardinier s'entendaient à merveille et travaillaient comme un seul homme ; une année, ce dernier qui avait la passion des calcéolaires, en forma une superbe collection digne certainement de figurer à une exposition d'horticulture ; plus tard votre grand-père parvint à réunir une collection admirable de pélargoniums qui faisaient son bonheur et qui certainement auraient obtenu un prix ; mais trop soucieux du bien-être de ses fleurs, il ne les envoyait jamais au dehors de peur qu'on négligeât de les soigner.

L'hiver 1856-1857 se passa relativement bien, car il était rare que votre grand-père eût quelques mois de santé parfaite. Quand ce n'était pas la tête qui le faisait souffrir, c'était la goutte qui l'attaquait. Toujours est-il qu'après les affreuses souffrances qui l'avaient mis aux portes du tombeau avant ses cures d'Albisbrunn, nous étions très reconnaissants de sa santé actuelle qui faisait l'étonnement des médecins, et de tous ceux qui avaient cru que je ne le ramènerais pas vivant de sa première cure hydrothérapique. Sachant tout cela, il ne doit pas vous être difficile de comprendre que tant de maladies,

de douleurs, d'épreuves physiques et morales, aient
rendu encore plus sérieux le caractère de votre grand-
père qui l'était déjà naturellement ; aussi de bonne heure
ses enfants s'étaient-ils habitués à être en sa présence
tranquilles et silencieux, et certainement ils n'en étaient
pas moins heureux que ceux qui croient qu'on ne peut
s'amuser qu'à la condition de faire du tapage. Pourtant
je dois dire qu'à partir de notre installation à la Sapinière,
le bon air, les fleurs eurent sur l'humeur de grand-papa
une influence des plus bienfaisantes ; son caractère
devint progressivement plus serein, plus joyeux, et dans
les dernières années de sa vie quand il n'était pas malade, il avait un tel entrain juvénile qu'il égayait tout
son entourage. C'est aussi de ce moment-là, que souvent
il se plut à m'offrir les cadeaux qu'il me faisait à Noël,
d'une manière toute originale et ingénieuse. Une fois, je
trouvai suspendu à l'arbre de Noël, un petit manteau de
poupée à capuchon (que je possède encore) dans la poche
duquel une grosse pièce d'or représentait la valeur
d'une confection d'hiver. Une autre fois il cacha l'argent
qui devait remplir mon désir, dans la plus petite de
trois boîtes s'emboîtant l'une dans l'autre et qu'après
avoir achetées à la pharmacie, il avait fait orner de petits
sujets. Après la guerre m'arriva, une veille de Noël, une
grande caisse timbrée de Samarcande, ville qui alors
m'intéressait particulièrement et dans laquelle la somme
annuelle se dérobait au milieu des produits les plus
exquis des contrées méridionales. Puis ce fut une dou-

zaine de petites chemises de poupée fabriquées chez
Hanriot qui m'annonçait la recrue « d'indispensables »
qui m'étaient nécessaires et qu'il m'offrait si gracieuse-
ment. — Je suis sûre de vous amuser en vous transcri-
vant la lettre suivante portant le timbre de New-York
simulé par Jacques et que votre tante Clara trouva à sa
place le jour où elle eut huit ans.

« Quelqu'un qui aime bien la petite Clara, par l'amitié
« que cette personne lui porte, croit pouvoir se permettre
« de lui envoyer le Dollar inclus à l'occasion de son jour
« de naissance, à titre d'encouragement pour son
« instruction en général et sa sagesse en particulier. —
« Cette personne estime que venant de loin, tout mo-
« deste qu'il est, ce présent aura à ses yeux plus de
« valeur. — Pas n'est besoin de décliner son nom, cette
« personne veut se laisser deviner. Adieu. »

New-York, 24 octobre 1861.

Les années passaient si vite, si pleines, si agitées,
qu'il nous semblait n'être pas bien loin de notre première
année de mariage. La confirmation de notre fille aînée
Emma au mois d'avril 1857 nous fit constater d'une
façon tangible la fuite rapide des années. Le mois suivant, laissant à tante Sophie la garde de nos trois autres
enfants, nous partîmes pour Clarens-Vernex où Emma
devait passer une année en pension au Basset-Barillet,
en même temps que plusieurs de ses amies. Au mois
d'août, je partis pour Wattviller dont les eaux me firent

grand bien ; grand-papa resta à la maison pour n'y venir que tous les quelques jours faire une petite échappée et prendre aussi quelques bains. Son arrivée était chaque fois une fête pour nous, et, avec le bon âne Koli pour transporter la toute petite ou les éclopés, nous allions chaque fois à sa rencontre jusqu'à Cernai. Il s'attacha beaucoup à ce joli coin de pays, que vous connaissez trop bien pour que je vous en fasse la description, et qu'il revit avec plaisir tout à la fin de sa vie, lorsqu'il y fit encore trois séjours.

Le printemps suivant, en allant chercher Emma, votre grand-père qui était avec raison très mécontent de la direction du collège, se décida à prendre Jacques avec nous pour le placer à la pension Dor de Vevey, avantageusement connue. Grande fut notre déception de trouver notre pauvre enfant pâle, maigre et sans le moindre appétit. Notre médecin nous encouragea beaucoup à l'emmener à Wattviller. La société y fut fort agréable cette année-là et le temps se passa en promenades et en excursions auxquelles la famille Brylinski de Cernai venait souvent se joindre.

Dans le cours de ces années-là, je fis aussi différents voyages à Saint-Dié, accompagnée de ma petite Clara pour conduire et visiter notre nièce Élisa que nous plaçâmes à la pension Jaeglé, d'où ma sœur Berthe, après avoir terminé son éducation était venue habiter avec nous. La confirmation d'Amélie eut lieu au printemps 1859 ; elle aussi devait entrer au Basset-Barillet. Emma ne demandait pas mieux que d'aller revoir sa chère pension, nous partîmes donc tous ensemble, nous arrêtant d'abord à Vevey pour laisser Jacques à sa pension, puis à Clarens où nous fîmes un petit séjour, jusqu'à ce que notre enfant se fût bien acclimatée. — Votre grand-père passait toujours volontiers quelques jours en Suisse, car aucune jouissance ne dépassait pour lui la vue des montagnes, de la belle nature ; puis il trouvait à Vernex, dans un couple de vieux célibataires, M. et mademoiselle Grosjean d'anciennes relations, de grands amis des fleurs, auxquels il aimait à communiquer ses expériences pour s'instruire des leurs.

Malgré le bien que m'avait fait Wattviller, mon vilain mal persistant m'ébranla tout le système nerveux. Mon beau-frère Benner gérant des bains de Saint-Moritz dans l'Engadine, nous vantait fort la vertu merveilleuse de ces eaux ferrugineuses.

Notre cher docteur venait de mourir, je résolus donc d'en essayer, et fin juin 1859 grand-papa m'y conduisit avec Emma, Clara et Mathilde Kullmann. Nous connaissions une bonne partie de la Suisse, mais rien ne pouvait nous faire pressentir les étranges merveilles de l'Engadine. La succession de lacs si verts, traversés par l'Inn impétueux, ses innombrables glaciers, l'absence de tout arbre autre que des sapins rabougris et ornés de longues barbes verdâtres, ses forêts au tapis sombre semé de rochers couverts de charmants lichens et ces suaves clochettes, qu'on ne trouve que là et au Groënland. Tout cela était certainement fait pour séduire votre grand-père, si la route qu'il fallait parcourir pour atteindre cette altitude ne l'avait d'avance complètement désenchanté et mal impressionné. A Coire nous étions montés dans la diligence qui mettait quatorze heures à faire le trajet et qui, attelée de rapides et vigoureux chevaux, faisait à fond de train des descentes vertigineuses, côtoyant des précipices, et à l'entrée du col du Julier où l'on retrouve les vestiges d'une ancienne route romaine traversait des endroits tristes et désolés. Grand-papa si nerveux, si sujet aux vertiges, fermait les yeux n'osant plus regarder ni à droite ni à gauche. Tout ahuris, mais bien aises d'être arrivés, nous sortons de notre prison mouvante pour nous trouver, quoique en plein été, dans une vraie Sibérie. Votre pauvre grand-père prit des engelures aux oreilles et au bout de peu de jours, en compagnie d'un Génevois, partit tout content d'aller retrouver la verdure et la chaleur. Cette première cure ne réussit guère, j'arrivai misérable à Netstall où grand-papa venait me chercher. Il va sans dire que ce n'était pas notre première visite à ma sœur Cécile, car chaque année, pendant nos séjours à Albisbrunn, nous poussions une pointe de son côté; les enfants toujours enchantés de ce petit voyage et s'amusant royalement des traditionnels dîners de Lachen, où l'on nous servait régulièrement de la langue de bœuf accompagnée d'une sauce semée de raisins de Corinthe que nous prîmes pour des mouches, la première fois que nous en mangeâmes.

. Dans le courant de l'été 1860, Jacques et Amélie revinrent de pension et comme je devais retourner à Saint-Moritz, je décidai grand-papa à m'accompagner avec tous les enfants, car il ne se sentait pas tout à fait bien, sans être positivement malade et je n'aurais, pour rien au monde, voulu le laisser seul à la maison.

Nous arrivâmes dans l'Engadine au commencement d'août et fûmes favorisés pendant toute la durée de notre séjour par un temps splendide qui réconcilia votre grand-père avec ce pays de loup dont il avait gardé un si fâcheux souvenir; il l'explora dans tous les sens et se trouva bien de cet air tonique entre tous. Nous fîmes tous ensemble plusieurs parties : à Santa Maria, à la Maloja, au glacier du Mortaratsch, Jacques fit même l'ascension du Piz-Languard ; mais la plus belle excursion fut celle de la Bernina qui nous prit tout un jour ; nous allâmes jusqu'au haut du célèbre col d'où l'on embrasse une vue superbe : le glacier de la Bernina, les lacs Blanc et Noir et cette vertigineuse descente qui mène dans la Valteline, belle vallée dont on aperçoit l'entrée.

En août 1861, je retournai à Saint-Moritz pour la troisième fois avec Emma et Clara. Vers la fin de ce mois grand-papa se rendit avec Jacques et Amélie à Albisbrunn où nous allâmes les rejoindre. J'y passai quelques jours avec lui, puis rentrai à Mulhouse avec trois de nos enfants, lui laissant comme société son joyeux Casperle, son Roger bon temps, comme il appelait

Amélie. Pourtant il resta quelques jours du mois de septembre entièrement seul, tandis qu'Amélie venait assister avec nous au mariage de Berthe Scheurer. Elle retourna auprès de son père et tous deux revinrent ensemble à la fin du mois.

Il jouissait de son cher Albisbrunn, tout aussi beau dans son riche vêtement d'automne que sous sa parure éclatante de printemps. Pourtant la chute des feuilles n'était jamais sans l'impressionner : voici ce qu'il m'en dit dans une lettre du 16 septembre :

...... « Je crois que définitivement l'été nous a fait
« ses adieux, cela est ainsi sur cette terre, une saison
« fait place à une autre, une année succède à l'autre,
« une génération à une autre, celle qui me précède
« n'est plus représentée que par quelques rares mem-
« bres, celle dont je fais partie a déjà payé de nombreux
« tributs à la mort qui n'oublie personne, je me dis
« cela souvent, mais ces pensées deviennent plus in-
« tenses, plus saisissantes en moi lorsque je vois la
« chute des feuilles, d'autres renaissent à l'arbre qui
« les avait produites, un autre été revient, renaîtrai-je
« aussi à la vie après être rentré dans la poussière d'où
« Dieu m'a tiré ? question sérieuse qui m'embarrasse
« souvent, agite ma conscience quelquefois, puis des
« doutes s'élèvent parfois dans mon cœur.... La raison
« que peut-elle dans ces cas ? elle est impuissante à me
« révéler les mystères dont il a plu à l'Éternel d'entou-
« rer l'homme, sans doute pour lui faire voir et com-

« prendre qu'il ne peut pas se soustraire à sa domina-
« tion, à ses lois qui sont immuables comme Lui. — Je
« sais que je suis pécheur, je sais aussi que là où le
« péché abonde, la grâce surabonde, que sa miséri-
« corde est infinie comme sa puissance, qu'il n'exige
« point de sa créature qui est imparfaite, qu'elle soit
« parfaite, qu'il accorde le pardon à ceux qui se repen-
« tent et viennent à Lui pour être guéris, sans condi-
« tion, si ce n'est toutefois celle de renoncer au péché,
« de le fuir, de combattre les mauvaises tentations qui
« ont leur source dans notre triste et faible cœur !......
« Hélas, je fais de mon mieux pour me purifier de mes
« misères, mais cela me réussit-il toujours? Non, je
« succombe encore souvent aux tentations. Vie de luttes,
« de tous les jours, de tous les instants ! que Dieu me
« prête force et assistance, telle est ma prière de tous
« les jours. Il doit tenir compte des bonnes intentions,
« des efforts quand bien même on échoue souvent et la
« barque se brise plus d'une fois sur cette mer orageuse
« et furieuse qui s'appelle la vie. — Oh, si les jeunes
« gens savaient ce que l'homme apprend le plus sou-
« vent au déclin de sa vie ! mais ils ne croient point à
« l'expérience de leurs aînés : il faut que chacun l'ap-
« prenne à ses propres dépens. — Seigneur, sois-moi
« en aide et dispose le cœur de nos chers enfants à
« t'aimer et à te servir, le bonheur n'est que là où tu
« es, toute autre chose n'est qu'une vapeur qui passe,
« n'est que vanité !..... »

En 1862, quatrième et dernière cure à Saint-Moritz ; tandis que je buvais à force l'eau ferrugineuse, me baignais et me promenais en conscience toujours accompagnée d'Emma et de Clara, grand-papa était fort occupé à faire forer plus profondément notre puits, qui pendant les grandes chaleurs se desséchait volontiers, et à caresser un projet que cette réparation lui suggéra et qui lui souriait beaucoup ; c'était de faire établir un jet d'eau au milieu de la pelouse, plan qui rentrait dans la soif constante qu'il avait d'embellir son cher jardin. Ce projet, qui m'effrayait un peu, fut abandonné à cause des difficultés trop grandes qu'en présentait l'exécution. Voici la réponse qu'il fit à une lettre que lui écrivit Clara :

Cher petit Kaferle,

Ta lettre m'a fort agréablement surpris : tu es une sage et bonne petite créature. Sans doute c'est quelque chose de fort drôle de voir de la neige en plein été ; nous sommes privés ici de cette extraordinaire jouissance, et si vous mangez des myrtilles, nous avons en compensation autre chose : de bonnes prunes, des fraises, des pêches, que sais-je ? mille autres choses, nous t'en gardons aussi une portion.

La maison semble bien tranquille et le jardin bien désert à papa, de ne pas entendre et de ne pas voir son petit remue-ménage de Kaeferle, maman me dit heureusement que ce ne sera plus pour longtemps, que votre cure approche de sa fin et que nous nous reverrons bientôt. Je pense que cela te fera plaisir, comme à moi aussi, et maman n'en sera pas fâchée non plus ; qu'en penses-tu ? J'ai fait ta commission auprès d'Amélie, de Jacques et de Louise qui te saluent tous en attendant mieux.

Je t'embrasse, chère enfant, ainsi que mon cher chou — salue de ma part l'oncle et la tante Benner. Adieu, ton bon père,

JACQUES LAEDERICH.

Mulhouse, le 19 août 1862.

Pour retourner à Coire où votre grand-père m'avait donné rendez-vous avec Jacques et Amélie, je pris, en compagnie d'une dame charmante, dont j'avais fait connaissance, et de sa fille, une voiture découverte qui nous permit d'admirer tout à loisir les sévères splendeurs de la route. En compagnie de ces dames nous visitâmes la Via Mala, Ragatz, la gorge sauvage de Pfeffers, puis les quittant nous nous dirigeâmes sur Rorschach et Constance, où nous passâmes tout un jour pour voir la salle du célèbre concile de 1416, par lequel furent condamnés à être brûlés vifs, Jérôme de Prague, et Jean Huss, précurseurs de la réformation. Outre les figures en cire des victimes et du juge, la porte de la prison de Huss enlevée au couvent où il était renfermé, cette salle contient une collection d'antiquités romaines, un buste en bronze de l'empereur Néron, des monnaies et des armes retrouvées dans le lac de Constance. Le lendemain, prenant le bateau à vapeur qui touchait à Friedrichshafen, nous traversâmes le lac, et descendîmes le Rhin jusqu'à Schaffouse. Nous allâmes nous loger dans un hôtel situé vis-à-vis du château de Laufen et en face de la célèbre chute du Rhin dont on a tant parlé, qu'elle déçut plus tôt l'attente des enfants. De là, retour à Mulhouse par Wadshut et Bâle. — Ce premier voyage en Suisse entrepris dans le but de réjouir nos enfants, marqua notre entrée dans une voie dont nous ne nous départîmes jamais à leur égard ; ne voulant pas les conduire dans le monde, ce qui aurait été opposé à nos principes de vie chrétienne, nous désirions les dédommager par d'autres plaisirs plus sains et laissant avec une impression bienfaisante, de ces souvenirs qu'on aime à conserver toute sa vie. C'est pourquoi en hiver nous ne négligions aucune occasion de leur faire entendre un beau concert, et en été quand nos filles ne voyageaient pas avec nous, elles faisaient le plus souvent une absence chez des amies de pension. Nous ne reculions pas non plus devant de petites réunions intimes, sans prétentions de toilette, et plusieurs fois avec leurs amies et ceux de leur frère, elles passèrent d'agréables soirées terminées par une petite sauterie. C'est en automne surtout que notre jeunesse s'amusait, au moment des vendanges que chaque année nous célébrions joyeusement par un repas en plein air, suivi de feux d'artifice préparés par Jacques et de jeux animés, éclairés par les reflets intermittents et fantastiques d'un grand feu de brindilles.

Votre grand-père, comme je vous l'ai dit plus haut, avait certainement trouvé dans la direction de son jardin, le soin de ses fleurs, et la gestion de sa fortune, une issue pour son activité dévorante, et pourtant par moments il lui semblait qu'elle manquât d'aliments ; il acheta encore un grand pré emplanté de beaucoup d'arbres fruitiers qui en automne produisaient une abondante récolte de prunes, de poires et de pommes. C'était alors une levée générale des bras et mains de la maison : maîtresse, domestiques, enfants, tout le monde s'y mettait et panier après panier se remplissait de mirabelles, de reines-claudes, ou de prunes et après avoir régalé les habitants de la Sapinière, servi à préparer des confitures, s'être transformé en Quetschenvasser, le surplus de cette riche récolte trouvait encore bien des amateurs en ville. Grand-papa avait partout l'œil du maître, quelquefois un peu trop au gré de la maîtresse de maison qui trouvait qu'il empiétait sur ses droits et savait à l'occasion faire prévaloir sa volonté. Grand-papa alors s'inclinait galamment devant la gracieuse souveraine dont en riant il se disait et signait dans ses lettres, l'humble et obéissant serviteur.

Il était à cette époque, comme malheureusement bien d'autres, un aveugle adhérent de l'empereur Napoléon III, et revint un jour tout content de la ville, accompagné d'un marchand de tableaux, portant deux grands portraits

de l'empereur et de l'impératrice magnifiquement enca-
drés, qu'il voulait faire suspendre à une place d'honneur;
je montai sur mes grands chevaux et exprimai ma ferme
intention de ne jamais tolérer de têtes couronnées dans
ma maison. Votre grand père baissa pavillon et rendit
son acquisition au marchand pour prendre autre chose
en échange. Plus tard il bénit l'heureuse inspiration que
j'avais eue de ne pas laisser souiller les murailles de
notre maison par les portraits des principaux coupables
du malheur de l'Alsace.

Une autre fois, lui ayant entendu exprimer le désir de
manger de nouveau du cochon de lait, j'en fis acheter
un au marché suivant. Vers onze heures du matin me
trouvant dans le vestibule du rez-de-chaussée, la grande
porte s'ouvrit tout doucement pour laisser paraître à mes
yeux étonnés un second échantillon de la race porcine.
En même temps apparut grand-papa avec le paysan.

« Que dois-je faire de cet animal, m'écriai-je, il y en
a un tout prêt à se laisser égorger. Ce que c'est pourtant que les hommes qui veulent se mêler du ménage. »
— Pour cette fois l'innocent petit cochon de lait échappa
au sort inexorable.

Votre cher grand-papa depuis que l'état général de sa
santé s'était fortifié, s'il n'avait pas de grands maux à supporter était rarement sans quelque petite infirmité. C'est
ainsi qu'en 1864 il souffrait des mains et m'écrivait à
Saint-Moritz.

« Depuis ton départ la main droite est plus mal, la

« gauche est guérie, mais comme c'est essentiellement
« la droite qu'il me faut pour le travail, depuis huit à
« dix jours je suis incapable de tout travail, soit dans la
« serre, soit au jardin ; n'était cette petite infirmité, je
« serais complètement heureux par l'espoir de notre
« prochaine réunion. L'homme à toujours une petite
« croix à porter, que Dieu m'aide à trouver celle-ci
« légère et à me soumettre à sa volonté, quand il trou-
« vera bon de me l'ôter, Il le feta ; je me confie donc en
« Lui ; que ta volonté soit faite, Seigneur, et non la
« mienne. » — Je sens le besoin d'ajouter encore cette
phrase de sa lettre...

« Je suis invité (seul) à aller souper ce soir chez le
« voisin et ami B... qui est de retour depuis le premier
« du mois. Il te salue ainsi que les amis Z... — artistes
« dans la vraie acception du mot — bons amis — on
« n'en trouve pas beaucoup de cette trempe, la graine
« en est perdue... »

Ces années en apparence heureuses ne nous avaient
pas plus que les autres épargné les inquiétudes de tous
genres. Après différentes pertes d'argent, nous vint un
grand souci au sujet de la famille de ma sœur Émilie ;
son mari après avoir longtemps souffert des yeux était
finalement devenu aveugle, et comme l'établissement de
Saint-Moritz allait s'agrandir d'un nouveau et immense
bâtiment dont il n'aurait pu prendre la direction, il dut
renoncer à sa position de gérant. Mon beau-frère Schauenberg venait précisément de revenir de la Russie pour

s'établir à Zofingen avec sa famille. Votre grand-père se demanda s'il n'y aurait pas moyen de trouver à ce malheureux père de famille une position qui pût le tirer d'affaire avec l'aide de l'oncle Schauenberg pour la tenue des livres. C'est en automne 1863 que ce dernier proposa l'achat de l'hôtel Lukmanier à Coire, auquel votre grand-père ne consentit à prendre part qu'avec beaucoup de répugnance.

Le mois de mai 1863 trouva votre grand-père à Albisbrunn avec Jacques et Emma. Pour un botaniste zélé comme lui, c'était un moment charmant et la recherche des gentianes et des orchis, que l'Albis produit en abondantes variétés, donnait à ses promenades un attrait tout particulier.

Voici ce qu'il en dit dans une lettre du 13 mai :

« ..... Il ne faut pas t'imaginer, chère amie, que je
« passe ici mon temps dans une inutile et ennuyeuse
« flânerie ; le bon Dieu m'a inspiré le goût de sa belle
« création ; tu sais que je ne passe pas devant la moindre
« petite fleur sans penser à son créateur et dans cette
« belle contrée l'on trouve des choses assez intéressantes
« pour les rechercher et s'en emparer. — J'ai donc fait
« une petite provision de pots à fleurs qui commencent
« à se garnir d'enfants des Alpes que je tâcherai, par
« de bons soins, de faire vivre et prospérer dans une
« zone moins âpre.

« Tu te souviens de la maison de poste au haut de
« l'Albis, tu sais que là il croît en abondance des gen-

« tianes ; hier matin j'ai dirigé mes pas de ce côté, la
« boîte du botaniste sur le dos et je suis rentré à une
« heure, ma boîte bien fournie, mais j'étais en nage, il
« faisait chaud et le chemin est un peu long. — Je suis
« les prescriptions du bon docteur qui est enchanté de
« mon obéissance. Je pille de tous côtés et je me fais
« des complices avec mes petits traités ; hier matin je
« rencontre un tas de gamins, je leur demande s'ils
« aimeraient avoir de petits livres avec de bonnes petites
« histoires ; sur leur réponse affirmative je demande s'ils
« connaissent l'endroit où croissent les Frauenschuh,
« ils ouvrent de grands yeux ayant l'air de ne pas com-
« prendre, alors un petit futé dit : Ah ! Fraüenschüeli,
« c'est ça, oui, je sais. Eh bien, un petit livre pour
« chaque pied que vous me procurerez avec racines et
« bonne motte. Le soir, ils arrivent avec une « gratte »
« pleine. — Tu vois mon commerce, comment te plaît-il ? »

Plus tard une lettre du 7 juin m'apportait la propo-
sition suivante :

PROPOSITION.

« Le conseil des ministres, sous la présidence du sou-
« verain, la question du Rhigi mise en délibération, il a
« été décidé à l'unanimité que cette partie de plaisir ne
« pouvait être entreprise sans un bon général en chef,
« encore à l'unanimité et par acclamation, il a été résolu
« que ce serait notre souveraine à tous ; comme secré-
« taire, j'ai donc été chargé de te faire part de la résolu-

« tion du conseil et à t'inviter à nous faire le plaisir à
« tous de donner ta ratification à ce vote, nous comptons
« que, renonçant pour cette circonstance à ton omnipo-
« tence, tu souscriras au vœu de ton peuple et que ton
« prochain message nous en portera la bienheureuse
« nouvelle..... »

D'après cette lettre je partis avec Amélie et Clara.

Nous arrivâmes à Albisbrunn à la fin de juin par une
pluie battante qui dura huit jours, le Righi et le Pilate se
tenant toujours obstinément cachés derrière d'intenses
brouillards. Finalement le temps s'étant un peu éclairci
le docteur nous donna sa grande voiture qui nous conduisit par Zug et Arth, le long du lac de Lovertz au pied
du Rossberg, célèbre par son terrible éboulement, jusqu'à
l'antique ville de Schwitz qui nous déçut tous par ses
apparences modernes. Nous vîmes de plus près avec
plaisir les trois Mithen au pied desquels elle est bâtie
et dont les sommités à forme originale nous étaient bien
connues d'Albisbrunn. Tout en dînant grand-papa proposa le choix entre l'expédition du Righi ou un tour dans
l'Oberland bernois, ce dernier eut la préférence à l'unanimité. Dans l'après-midi nous gagnâmes Brunnen au
bord du lac des Quatre-Cantons d'où un bateau à vapeur
nous conduisit jusqu'à Fluelen où nous devions coucher.
Le lendemain matin une voiture nous conduisit par
Altorf jusqu'à Burglen, la patrie de Guillaume Tell.
Revenus à Fluelen nous visitâmes dans l'après-midi la
belle route stratégique de l'Axenstrasse encore non

achevée. Le matin suivant nous nous rendîmes à Lucerne en bateau à vapeur, et sans nous arrêter grandement dans cette ville pittoresque que nous connaissions déjà, nous montâmes en voiture pour traverser le Brunig et arriver le soir tard à l'hôtel Reichenbach à l'entrée de la vallée de Meyringen. Cet hôtel est situé à deux pas de la célèbre chute du Reichenbach, l'une des plus belles de l'Oberland. Nous allâmes l'admirer le lendemain matin, puis accompagnés de deux chaises à porteurs en vue des écloppés et munis de provisions de bouche, par une journée splendide, nous nous dirigeâmes vers le glacier du Rosenlaui; en route nous eûmes la bonne fortune d'entendre un de ces merveilleux échos qui répètent jusqu'à quatre et cinq fois et que faisait retentir un cor des Alpes joué par un jeune montagnard. Après le Reichenbach, la voiture que nous gardâmes jusqu'au bout, nous conduisit à Interlacken, de là dans la vallée de Lauterbrunnen pour visiter le Staubach, au glacier du Grindelwald et nous ramena à Interlacken d'où, traversant en bateau à vapeur le lac de Thun, nous revînmes à Mulhouse par Berne. Dans cette ville nous reçûmes un accueil très gracieux de M. Krafft le propriétaire du grand hôtel Bernerhof. Il venait de rentrer d'Albisbrunn où il avait fait une cure en même temps que grand-papa; il nous avait préparé un déjeuner princier et nous fit visiter le palais fédéral.

Au mois de décembre de cette même année, Jacques nous quitta pour entrer à Paris comme volontaire dans la maison Férouelle et Roland. La carrière de son fils était naturellement un grand sujet de préoccupation pour votre grand-père qui le recommanda à tous ses anciens amis.

Le 2 mai 1864 nous vit célébrer notre noce d'argent, mais hélas! le cœur triste et tout autrement que nous l'avions espéré et souhaité. Avec le printemps des maux de tête violents et tenaces s'emparèrent de votre pauvre grand-père et firent éclater en plein une mélancolie profonde dont à plusieurs reprises déjà il avait senti des atteintes heureusement passagères. Ce fut ma première, mais hélas! non ma dernière expérience de cet affreux état dont la cause première est certainement, la fatale cure à Aix-la-Chapelle, et auquel il fut sujet jusqu'à la fin de sa vie. Outre les douleurs aiguës qui lui faisaient croire parfois que sa tête allait éclater, il était pris d'angoisses, d'oppressions nerveuses presque constantes, le mettant sous l'impression d'un grand malheur imminent. Il n'avait plus goût, plus plaisir à rien et devenait si différent de lui-même qu'il se prenait à douter de la bonté de Dieu et de la miséricorde de son Sauveur. Ceux qui n'ont pas vu de près un état semblable ne peuvent s'en faire une idée exacte; c'est bien au monde la pire des souffrances, parce qu'elle est bien plus morale que physique, tant pour le pauvre malade lui-même que pour ceux qui l'entourent. Je ne sais ce que je serais devenue dans ces jours sombres qui revinrent tant de fois peser sur nous, sans la fidèle amitié de quelques amis; ils faisaient de leur mieux pour chercher à remonter et à encourager mon pauvre malade ; mais son appui le plus constant, le plus fidèle fut son dévoué cousin, Georges Zipélius qui le resta jusqu'au bout, et dont les visites presque journalières lui faisaient toujours un bien immense.

Revenons-en à notre noce d'argent ; les enfants réunis nous offrirent les deux beaux fauteuils du salon brodés par Emma et Amélie, et reçurent en échange chacun un petit souvenir ; il va sans dire que Jacques était revenu de Paris pour ce jour ; plusieurs de mes sœurs étaient arrivées de la Suisse et le soir un repas plus triste que joyeux et qui me fit l'effet d'un vrai cauchemar réunit toute la famille. Le mois de juin était à la porte et l'état de votre grand-père s'aggravant, je lui parlai d'un séjour à Bad-Boll que je savais devoir être particulièrement bienfaisant aux personnes malades des nerfs, grâce à M. le pasteur Blumhardt qui avait créé cet établissement. Ce projet ne lui souriait pas, il trouvait à élever une foule d'objections, disant que jamais il ne supporterait ce long voyage, que sa tête était trop faible pour cela. Le dimanche suivant j'eus la visite de ma cousine, madame Scheurer, qui l'engagea vivement à se prêter à mon idée lui disant qu'il était trop malade pour se rendre compte de ce qui était nécessaire pour lui ; sur ces entrefaites arriva aussi notre ami le pasteur Bernard, qui, voyant grand-papa sur le point de céder, écrivit séance tenante à M. le pasteur Blumhardt pour demander s'il aurait de la place pour nous recevoir. Une réponse affirmative étant venue, je partis le 7 juin, bien angoissée, avec votre grand-père, qui, à peine en chemin de fer, sentit ses nerfs se calmer comme par enchantement. M. Blumhardt nous reçut comme d'anciens amis, avec la bienveillance et la bonté qui le caractérisaient, grand-papa lui ayant touché un mot de ses doutes et de ses angoisses morales, il lui dit simplement : — « Vous êtes trop sévère envers vous-même, soyez calme, ayez confiance en Jésus. » La nuit fut bonne contrairement à toutes celles des derniers temps que les insomnies rendaient plus pénibles encore que les journées. Au bout de huit jours le calme était entièrement rentré dans son esprit ; les maux de tête revenaient encore par moment, mais diminuèrent graduellement et, au bout de trois semaines, nous rentrions chez nous bien heureux et reconnaissants envers Dieu. Dans le courant de cet été Jacques quitta Paris pour Liverpool où il avait trouvé une position très avantageuse dans la maison Lemonius et Cie.

Au mois de mai 1865 en souvenir de notre séjour béni à Bad-Boll nous y retournâmes, emmenant Clara avec nous. Le temps, extraordinairement beau et chaud pour la saison, nous permit d'explorer le pays qui est fort joli et rappelle un peu les parties riantes de la Suisse.

Peu après notre retour, le 7 juillet 1865, notre fille Emma se fiança avec M. Vincent Steinlen. Votre grand-père faisait très souvent sa sieste étendu sur un matelas au-dessous du grand noyer ou des bouleaux

argentés derrière la maison ; ce fut sans doute de cette
manière qu'il prit dans une jambe un violent rhuma-
tisme goutteux qui le tint au lit quelques jours et affecta
tellement son système nerveux, que la mélancolie bannie
pendant un an, reprit peu à peu le dessus. Ce triste état
de son père assombrit bien les fiançailles de notre fille
et les préparatifs de sa noce, qui eut lieu à la Sapinière,
le 21 septembre. Les jeunes mariés partirent le soir
pour l'Italie.

Dans le courant de l'hiver, les maux de tête ces-
sèrent et avec eux heureusement la mélancolie. Au
printemps nous retournâmes avec Clara à Bad-Boll.
Pendant les vacances, grand-papa organisa une expédition au ballon de Guebviller. Voici comment se composait la bande des excursionnistes placés sous son
commandement: Amélie et Clara, Elisa Mauler qui, reve-
nue de Saint-Dié, habitait avec nous ; Lisinka Schauenberg, Irma Meunier et Adolphe Brunner, alors volontaire
dans la maison Ducommun. On partit par le train de
deux heures, le projet de grand-papa étant d'aller coucher à la ferme de la Rolle située à mi-chemin du Ballon,
afin de se trouver le lendemain matin au haut de la montagne pour admirer le lever du soleil A l'arrivée à
Guebviller, pas moyen de trouver une voiture ; on télé-
graphia à Soulzmatt pour avoir des ânes, mais la pluie
s'étant installée entre temps, on répondit que de monter
à âne à la Rolle par ce temps offrirait trop de dangers.
Il fallut donc se résigner à coucher à Guebviller, Le len-

demain au réveil, le temps étant beau, l'hôtelier tenait prêt un joli break qui, au trot rapide de deux chevaux, conduisit la bande joyeuse, augmentée d'un guide et de provisions, jusqu'au fond de cette vallée trop peu connue et l'une des plus jolies de l'Alsace. La montée fut rude par un ardent soleil d'août et des chemins détrempés ; aussi c'est d'un féroce appétit que l'on attaqua le bon dîner qu'avait préparé la fermière de la Rolle. Comme on en était au fromage, quelques petites gouttes de pluie vinrent à tomber. — « Ce ne sera rien, dit grand-papa, vite, mettons-nous en route. » On n'avait pas marché une demi heure, qu'éclatait un violent orage suivi d'une pluie torrentielle. Arrivés au lac du Ballon, les promeneurs furent obligés de s'arrêter dans une hutte, pour faire sécher les jupes des dames à un feu de brindilles. Encore un effort, une marche de deux heures environ pour atteindre la ferme du Ballon. Ce ne fut pas chose facile, la terre glissait sous les pieds, pour trois pas qu'on faisait on reculait de deux ; le guide et Adolphe Brunner aidaient de leur mieux le chef de l'expédition qui n'avait plus des jambes de vingt ans et la petite Benjamine qui n'en avait que treize. Enfin on put se mettre au sec, installés par le fermier dans la meilleure pièce de son habitation, la seule qui eut un plancher ; les provisions furent déballées et il fallait voir comme pain, beurre, fromage, viande froide disparaissaient à vue d'œil. Amélie s'était munie d'un mirliton, son instrument de prédilection, aux sons duquel on essaya des

valses et des polkas qui ne réussirent qu'à demi, le sol
étant gluant par suite d'un séjour probable de volatilles,
et des odeurs hétéroclites émanant d'un petit coin ren-
dant une plus longue séance dans ce réduit absolument
intenable ; on passa dans la pièce du milieu, des plus
primitives. Le sol n'étant pas même pavé, on s'installa
sur des bancs de bois devant un feu qui flamba toute la
nuit. Toute la bande était si fatiguée qu'elle dormit
quelques heures dans cette position des moins confor-
tables : chacune des dames la tête appuyée sur l'épaule
de sa voisine. On n'avait fui un parfum que pour en
trouver un autre : l'écurie des vaches et des porcs n'étant
séparée que par une mince cloison de cette seconde
pièce. A l'aube, on se précipita à la porte : hélas ! même
temps que la veille, et brouillard impénétrable. —
« Partons, dit grand-papa, inutile d'attendre une vue
qui ne se montrera pas. » Le brouillard était si épais
qu'on ne voyait pas à deux pas, si bien qu'Irma croyant
mettre le pied en lieu sec, s'étala de tout son long dans
la mare de fumier : il fallut rentrer à la ferme pour la
nettoyer tant bien que mal. La descente fut presque
aussi difficile que la montée, et les parapluies étant devenus indispensables comme cannes, les malheureux
ascensionnistes furent trempés de telles sorte que cha-
peaux, châles dégouttaient d'eau ; pour comble de misères, Irma perdit un de ses talons de bottines, et celles
de Lisinka, percées de toutes parts, laissaient passer le
gros orteil. Au bout de deux heures de marche environ,

le soleil, d'un coup de baguette magique, dissipa soudain les nuages, et l'on vit au-dessous de soi la riante vallée de Saint-Amarin toute verte et fleurie. Ce fut un coup d'œil charmant qui ranima les courages languissants. L'aspect de la petite troupe était devenu si lamentable, que les habitants des villages qu'elle traversait accouraient, croyant voir passer une troupe de bohémiens. A Saint-Amarin, un bon dîner restaura tout le monde, et à deux heures on était de retour à Mulhouse. Cette partie manquée, mais originale, qui laissa peut-être de plus amusants souvenirs que si elle avait réussi en tous points , fut en tout cas la preuve de la vigueur et de l'entrain extraordinaire de votre grand-père à l'âge de soixante-quatre ans.

L'année 1867 est restée célèbre par les merveilles de l'Exposition universelle de Paris qui fut comme le dernier reflet jeté par l'empire avant de tomber pour toujours. Emma et Vincent qui s'y rendirent auraient beaucoup aimé y emmener Amélie ; il y avait certaines institutions et inventions modernes que votre grand-père prit et garda toujours en grippe ; les expositions universelles étaient de ce nombre, aussi ne donna-t-il pas la permission désirée, mais il décida, comme compensation, de faire, avec Amélie, un séjour à Albisbrunn. De là, il voulait la conduire à Coire passer quelques semaines chez sa cousine Lisinka Schauenberg. Ils partirent donc au mois de septembre emmenant Clara, et les dispositions sereines de grand-papa, son

enthousiasme de revoir son séjour de prédilection sont
bien accusés dans les extraits suivants de ses lettres.

5 septembre.

« .... L'accueil ici a été des plus cordiaux de la part
« de tous les membres de la famille et Eugénie qui
« vient de me prêter le paquet de vieilles plumes, héri-
« tage de feu sa mère (et celle dont je me sers est un
« petit tronçon qui a probablement un demi-siècle), me
« charge de te dire qu'elle te remercie de tout cœur de
« la bonne idée que tu as eue de faire accompagner
« Amélie par Clara et moi, — ce n'est pas seulement
« moi qui atteste que tu es remplie de bonnes idées,
« mais cela serait encore plus vrai si, par exemple, tu
« avais eu la précaution de me munir de ma plume afin
« que ma lettre eût un style passable, d'un parapluie
« qui sert à se parer de la pluie et il s'en produit ici
« comme ailleurs, d'une éponge pour me laver la figure
« car il ne convient pas à tout le monde de jouer au
« Robinson, d'un châle pour me garantir de la fraîcheur
« du matin..... et cette pauvre Kâfi que tu forces à
« ressembler aux Japonais, privée qu'elle est de son
« éponge, elle ne peut se laver la figure dont la nuance
« est exactement celle des princes japonais avec les-
« quels nous avons eu l'honneur de faire route de Bâle
« à Olten..... J'ai rencontré en route une veste de
« *Nankin* seulement un peu plus longue que la mienne
« — c'est un gentleman anglais qui la portait. Oui-da,
« ma mie, un vrai gentleman, tout ce qu'il y a de plus

« pur en fait de gentleman, Casperle te l'attestera s'il
« te faut un témoin. » — (Ceci à l'adresse de mes cri-
tiques au sujet de sa veste de Nankin que je trouvais
trop légère pour son âge et surtout pour la Suisse au
mois de septembre.)

« ...... Il me semble que je n'ai jamais vécu ailleurs
« et les enfants aussi, tellement tout nous est si familier,
« si heimlich, le temps si beau, le pays si riant, les près
« et les bois si beau vert, si frais, l'air que l'on respire,
« si bon, si parfumé, encore une fois quel dommage que
« tu n'y sois pas! malheureusement il n'y a qu'un bon-
« heur incomplet sur cette terre, cherchons-le où il est
« véritablement, auprès de notre cher Sauveur, que
« Dieu nous accorde à tous la grâce de lui être fidèle...

« ...Le temps nous passe comme un éclair et le soir,
« en me couchant je suis impatient de me trouver au
« lendemain pour admirer et toujours admirer, louer
« Dieu et le remercier de son inépuisable bonté de
« m'avoir fait la grâce de m'avoir rendu la santé du
« corps et de l'esprit et son inappréciable paix. Mon
« âme, bénis l'Éternel et n'oublie pas un de ses bien-
« faits.

« ... J'ai reçu avec ta bonne lettre de jeudi, l'incluse
« de l'ami Blumhardt qui m'a bien réjoui, ainsi que
« parapluie, papier et cantique. Je pensais bien que
« des absences avaient empêché ce cher ami B. de
« répondre; quel dévouement, quel cœur! que ne lui
« ressemblons-nous pas? il nous reste bien du chemin

« à faire pour arriver à cette hauteur, prions Dieu de
« nous en faire la grâce. Tout consiste dans l'amour du
« prochain, qui| le possède est près de la perfection,
« que le Seigneur veuille bénir nos faibles efforts en ce
« sens, c'est ce que nous pouvons lui demander de plus
« précieux...

« ... Tes exhortations aimables, assurément et bien-
« veillantes, nous donnent la preuve incontestable de
« de ta maternelle sollicitude pour le bon succès de
« notre cure ; je puis, chère amie, te tranquilliser à cet
« égard et t'assurer que nous ne gaspillons pas notre
« temps et que nous savons le mettre à profit, tu en
« jugeras. Le jeudi après-midi a été passé au Signal en
« grande compagnie, hier vendredi, partis à quatre
« heures avec toute la famille Brunner, excepté le doc-
« teur auquel on a oublié d'en parler et qui l'a regretté,
« nous nous sommes rendus sur le haut de l'Albis pour
« aller souper chez Grosmütter qui habite la dernière
« maison, où l'on prend à gauche pour se rendre au
« Zurichbanck, nous avons joui là du plus magnifique
« spectacle de la chaîne des glaciers éclairés par un
« splendide soleil couchant, c'est bien beau... Au sou-
« per, des plus simples, nous avons ri comme des bossus,
« ton serviteur n'était pas le dernier. Grosmütter qui
« a soixante-dix ans, mettait tous en train par sa belle
« humeur, c'est une chose réjouissante qu'une
« grand'mère âgée, le cœur gai, content, confiant en
« Dieu se faisant jeune pour folâtrer avec les jeunes ;

« elle a pris Casperle de suite en affection, a été lui faire
« un bouquet de ses plus chères fleurs : œillets, giroflées
« etc., et lui a raconté qu'elle aussi était jolie étant
« jeune, on le voit encore maintenant à ses traits véné-
« rables (elle m'a rappelé ma bonne mère), elles se sont
« embrassées au départ, elle m'a demandé mon nom,
« ton âge et pourquoi tu n'étais pas avec nous et qu'il
« fallait t'emmener la prochaine fois. — A huit heures
« et demie nous sommes descendus par le chemin ra-
« pide de l'église, un clair de lune ce que l'on peut ima-
« giner de plus magnifique, (le docteur Wagner me
« donna le bras par précaution) chantant chœurs et
« soli à faire fendre des rochers — et voilà... »

La cure terminée grand-papa après avoir visité nos
parents Weber, et laissé Amélie à Coire revint avec
Clara par Rorschach et Schaffhouse afin d'éviter
Zurich où régnait alors le choléra.

Le 2 novembre Amélie se fiança avec M. Jules Persoz
que nous connaissions depuis le mariage d'Emma, auquel
il avait figuré comme ami de Vincent. Le mariage eut
lieu le 9 janvier. Jacques revint d'Angleterre pour y
assister.

Les événements importants se suivaient de près, car
le 21 février jour anniversaire de nos fiançailles nous
donna notre premier petit-fils, Aimé Steinlen, dont
l'arrivée rendit tout heureux et tout fier son grand-papa
qui disait, lui souriant et l'admirant. « Ce gaillard là est
bâti comme un Apollon. »

Le printemps ayant ramené les maux de tête, nous retournâmes à Bad-Boll, où nous fîmes un long séjour tandis que Clara était en visite à Paris chez sa sœur Amélie. Grand-papa rentra encore souffrant et le resta jusqu'après le nouvel an 1869.

Sa principale distraction dans le courant de l'automne fut son petit Mé, comme il l'appelait, qui l'amusait par ses gentillesses et venait tous les jours avec sa mère à la Sapinière, même par les plus vilains temps.

Au mois de février 1869, nous partîmes pour Paris laissant la maison à la garde de Clara et de son perroquet Coco, qui dans ses moments de santé était un grand favori de votre grand-papa; il se perchait sur sa calotte faisant entendre au loin sa voix retentissante, mangeait dans son assiette et le suivait partout au jardin ainsi que sa petite maîtresse; du reste grand-papa aimait beaucoup tous les animaux, en particulier les chats.

Votre grand-père n'avait pas été à Paris depuis 1832, et fut lui-même tout étonné de la joie qu'il éprouva à s'y retrouver. Il lui fallut d'abord revoir son ancien quartier, constater tous les changements et embellissements opérés de toutes parts, rechercher ses amis. Il passait toutes ses journées dehors, tantôt seul, tantôt avec Amélie et moi pour me faire visiter monuments, musées jardins. Quelquefois il s'échappait de bon matin déjà et reparaissait pour le déjeuner, revenant des halles chargé de poisson ou de légumes, qu'il était tout glorieux d'avoir obtenu à des prix très raisonnables. — Il nous conduisit plusieurs fois au théâtre, mais ce qui lui tenait surtout à cœur c'était de nous faire manger de ce célèbre macaroni qu'il nous avait toujours tant vanté, dont il s'était si souvent régalé au bon vieux temps dans un restaurant qui existait encore. — Nous y allâmes tous un jour : grand-papa composa un petit menu où le macaroni figurait comme plat d'honneur ; on n'en servit que tout à la fin, une toute petite quantité après nous avoir fait attendre chaque mets près d'un quart d'heure. — « Comme tout change en ce monde, s'écria mélancoliquement grand-papa, même le macaroni qui devient mauvais dans un restaurant qui en avait la spécialité. » Ce ne fut que plus tard que nous apprîmes que nous avions été les derniers à en manger là, le restaurant ayant fait faillite le lendemain.

De Paris nous poussâmes une pointe jusqu'au Havre où Jacques était alors établi, et eûmes grand plaisir à voir ce beau port, et à visiter le Napoléon III l'un des plus grands et des plus beaux Transatlantiques.

Clara fut confirmée le 25 mars 1869 et peu après Pâques nous partîmes, l'emmenant avec nous pour Bad-Boll, nous arrêtant à Strasbourg pour visiter la pension Friedel où elle devait entrer l'automne suivant.

Le 8 juin naquit notre second petit-fils Charles Steinlen et le 28 juillet à la Sapinière même le troisième René Persoz. Le 3 août eut lieu, à Liverpool, le mariage de Jacques avec mademoiselle Jessie Samuel, auquel à cause

de la distance, notre gendre Vincent fut seul de la famille
à aller assister.

Chaque fois que revenait son état si pénible de
mélancolie, la Sapinière, qu'il était alors inhabile à surveiller, devenait à charge à votre grand père ; nous nous
étions déjà défait de cheval et voiture en 1868, mais
pourtant la charge était lourde pour un homme de son
âge souvent très malade. Il me disait alors. « Que
ferais-tu seule de cette grande propriété, si je venais
à manquer ? » J'étais de son avis, mais le priai de ne
décider la chose définitivement qu'en parfaite santé et
de ne jamais accepter d'offre quand la mélancolie lui
faisait tout voir à travers les lunettes noires du pessi-
misme. Dans l'été de 1869 M. A. Kullmann nous ayant
fait des offres d'achat, grand-papa se décida à vendre sa
chère Sapinière et acheta au même moment un jardin et
un verger, rue de Bruebach pour y créer une nouvelle
propriété de moitié plus petite et plus à proximité de la
ville. Il avait acquis la conviction qu'une demeure hors
de ville et des occupations en plein air, étaient comme le
lui disaient les médecins absolument indispensables
à sa santé. Il va sans dire que ce n'est pas sans déchi-
rement de cœur que nous songions à quitter notre
cher home témoin de tant d'années heureuses en dépit
d'épreuves de tous genres. Ce fut peut-être de toute la
famille grand-papa qui eut le moins de regrets, tellement il était occupé à surveiller sa nouvelle construction,
ainsi que vous pouvez le voir par les deux lettres sui-

vantes qu'il adressa à Clara, alors en pension à Strasbourg.

2) novembre.

Mon bon petit Caeffro,

« Tu t'es placée sur le bon terrain, bravo, il faut
« y rester; travaille, ma chère enfant, acquiers tout
« ce que tu pourras de connaissances, ce bagage
« n'est pas lourd, facile à porter, et te sera utile
« pendant tout le cours de ta vie terrestre. — Les dou-
« leurs sont grandes et amères, une fois l'instruction
« complète lorsque la conscience peut vous reprocher
« des négligences; aie donc toujours soif de travail
« quand l'heure du travail est là, par ce moyen tu
« n'éprouveras que plus de jouissances dans les heures
« de récréation qu'il faut aussi utiliser avec ardeur. —
« Ne fais jamais rien à demi et dans tout ce que tu fais
« sois-y avec corps et âme. — Avec toutes les sources
« auxquelles tu as le singulier avantage sur tes sœurs
« aînées de puiser, tu vas devenir un véritable savant,
« une madame de Staël ou quelque chose d'analogue
« peut-être, mais lorsqu'une fois tu auras toutes tes
« plumes, je ne te demanderai qu'une seule grâce, tu
« me promettras de ne pas écrire de ..... romans .....
« c'est convenu n'est-ce pas, mon cher Kæfi?...

« La lettre que nous a écrite mademoiselle Friedel à
« ton sujet nous a réjoui le cœur; bravo, ma chère en-
« fant. Il paraît que tu as su promptement capter sa con-
« fiance et sa sympathie, petite chatte. La recette de se

« faire aimer, c'est d'aimer et de faire bravement son
« devoir, renoncer à soi-même, se dévouer pour son
« prochain, c'est l'enseignement de notre Seigneur
« Jésus; reste lui fidèle; tu vois déjà, cher Kaeffro, que
« tu commences à en recueillir les fruits... N'est-ce pas
« bon d'être aimé par les autres?

« Enfin voici notre nouveau home couvert et à l'abri
« des intempéries de la saison d'hiver pendant laquelle
« on va travailler à l'intérieur, afin qu'au printemps il ne
« reste plus qu'à peindre et à tapisser. — Tu auras un
« petit bijou de nid où tu seras sous nos ailes à l'abri
« des vautours... La grille est posée et les murs de
« clôture des deux autres côtés seront achevés dans
« trois ou quatre jours, alors commenceront les travaux
« du jardin s'il plaît à Dieu de nous conserver ce temps. »

3 mars 1870.

Mon bon petit Kaeffro,

« Merci de tes vœux pour mon jour de naissance,
« heureusement Dieu me fait la grâce de me conserver
« la santé et je puis ainsi donner tout mon temps à la
« surveillance de la construction de notre nouveau nid
« qui ne sera pas à dédaigner, tu verras. Notre tournée
« en Suisse m'avait passablement éprouvé, ce qu'il y
« avait principalement de très fatigant, c'était cette
« nappe blanche étendue sur toute la nature, mais à
« peine de retour cette fatigue a disparu comme par
« enchantement, il est vrai qu'une température tout à

« fait printanière n'y a pas peu contribué. J'ai à faire
« par-dessus la tête, la nouvelle propriété fourmille
« d'ouvriers de toute espèce et, pour inspecter chaque
« travail en particulier, il me faut plus d'une heure pour
« chaque inspection, j'en fais trois à quatre par jour.

« Les fleurs aussi donnent beaucoup de travail à cette
« saison et j'en ai à préparer pour les deux propriétés.

« Nous avons toujours beaucoup de plaisir à lire tes
« lettres, maman et moi, et nous voyons que tu travailles
« beaucoup, tu fais bien, chère enfant, on ne porte pas
« lourd avec les connaissances acquises et les paresseux
« ont à regretter et à se repentir toute leur vie de n'avoir
« pas mis à profit leurs jeunes années pour orner leur
« esprit.

« Le Seigneur se met du côté des abeilles et bénit
« abondamment ceux qui les imitent, sois donc toujours
« une bonne abeille et une douce brebis de Jésus.
« Aime et tu seras aimée. Mais tu vas donc devenir un
« vrai bas-bleu..... il n'y a pas de mal à cela, la science
« rend plus propre à toutes choses même à préparer un
« bon pot-au-feu quand on a la prétention de ne pas
« rester fille...

« Eh, quel plaisir de nous revoir le mois prochain si
« Dieu le veut? Espérons et mettons notre confiance en
« Lui qui est si bon pour nous.

« Le petit Mé va bien, il est convalescent, le médecin
« a été charmé de sa douceur et de sa docilité pendant
« sa maladie. Il est devenu bien faible mais son appétit

« revient, dans huit jours nous espérons qu'il nous
« réjouira de nouveau de ses gambades..... »

Avant le départ de Clara pour la pension, grand-papa
avait encore fait avec elle, au mois de septembre, une
petite tournée en Suisse, débutant par Albisbrunn qu'ils
gagnèrent à pied depuis Mettmeustcken par une pluie
battante afin de surprendre le bon docteur, pour terminer
par Coire et Netstall d'où ils firent la course du Kloenthal,
l'une des préférées de grand-papa. A la fin d'octobre, il
retourna avec moi à Coire pour assister au mariage de
de notre nièce Lisinka Schauenberg.

Au mois de février 1870, nouvelle absence faite par
nous ; nous nous rendîmes à Coire à la noce de Rodolphe
Schauenberg, en passant par Albisbrunn, que son admi-
rateur passionné trouva beau d'une beauté à lui incon-
nue sous son blanc tapis de neige.

En avril, grand-papa ayant besoin de repos après une
forte bronchite, nous allâmes passer les fêtes de Pâques
à Boll et sur notre route fîmes visite à Clara, à sa pension.

Au mois de juin nouvelle noce : celle de Laure Zipélius
avec M. Albert Leroy ; voici le toast porté par votre
grand-père et qui vous initiera à quelques-uns de ses
griefs contre le temps présent :

« Je vous propose, Messieurs et Mesdames, de porter
« une santé à nos jeunes et aimables mariés et vous me
« permettrez de vous ravir quelques instants de plus,
« j'y joindrai celles des papas Leroy et Zipelius, et de
« leurs respectables moitiés.

« Je n'ai point honte d'avouer que je ne suis point
« orateur, je n'ai jamais été ni avocat, ni journaliste,
« ni maître d'école, ni rien de ce qui exige de l'élo-
« quence; avec votre permission je lirai donc ce que j'ai
« à dire. — Honni soit qui mal y pense. — Pour arriver
« à mes fins, ne vous impatientez pas, je vous prie, ce
« ne sera pas long, il faut toutefois que je reprenne les
« choses d'un peu loin.

« L'on fait fi, dans notre siècle de lumière, des ancien-
« nes mœurs et coutumes, fait-on bien, fait-on mal ? Là
« n'est pas la question que je veux aborder, encore moins
« discuter, laissons les discussions à nos très honorables,
« ils nous ennuyent déjà assez avec leur rage d'innova-
« tions, qui au bout du compte ne sont que de vieilles
« friperies renouvelées des Grecs et des Romains qui
« ne sont déjà pas si enviables et qui ne conduisent pas
« à grand'chose.....

« Le fait est que la société est en enfantement, elle
« est grosse... d'orages... elle marche... le progrès est
« partout... on le dit, chacun le demande, même les
« cuisinières; tout le monde se met à la remorque... le
« progrès nous donne-t-il une plus grande somme de
« bonheur que celle dont jouissaient nos aïeux ? je le
« nie carrément..... Et, en effet, dans les temps plus
« reculés, une parole donnée était chose sacrée; de nos
« jours, nous ne voyons, au contraire, dans tous les rangs
« de la société, que fraude et mensonge et l'adage du
« Jésuite : la fin justifie les moyens est malheureusement

« pratiqué sur la large échelle et lorsque, par exception,
« un homme ou une femme, ou les deux ensemble sont
« fidèles à leurs engagements, l'écho s'en répercute par
« les trente-six millions de porte-voix dont notre heu-
« reuse société est empestée... Notez que je tiens le
« journalisme pour la peste de notre siècle... Vous direz
« peut être, voilà un homme d'une autre époque, un
« réac qui ne se gêne pas. — Eh bien! n'ai-je pas le
« droit de manifester ma pensée librement tout comme
« nos honorables Raspail et Gambetta, je ne parle pas
« de Rochefort qui est en prison, respect au malheur...
« Je n'ai pas leur éloquence, c'est vrai, je vous ennuie
« peut être, mais pas aussi souvent et longtemps qu'eux,
« voilà la différence.

« J'ai parlé de fidélité à la promesse faite, le patriarche
« Jacob est celui qui, le premier, je crois, est cité comme
« exemple, il aimait et a été constant et fidèle, notre
« jeune couple a marché sur ses traces, honneur à la
« fidélité et à la constance ; honneur aux parents qui ont
« le bonheur d'avoir de tels enfants, souhaitons, mes
« amis, que la lignée s'en continue, que Dieu bénisse
« leur union et prête aux parents et aux enfants une
« longue vie de paix. — Qu'ils vivent... »

L'été de 1870 nous enrichit de nos deux premières
petites filles ; le 11 mai naquit Suzanne, et le 10 juin
Mina.

Les travaux furent poussés très rapidement et le
30 juin déjà, nous couchions pour la première fois

dans notre nouvelle habitation que vous connaissez tous. Notre entrée n'y fut pas gaie et se montra le prélude de de bien autres tristesses, en effet une partie des ouvriers de la ville étaient en grève, tenant les propos les plus menaçants, et se promenant au Tannenwald en chantant des chansons séditieuses. On rentrait à peine dans le calme, lorsque le 17 juillet fut déclarée cette guerre imprudente et désastreuse qui devait coûter si cher à la France et à l'Alsace. Grand-papa alla chercher Clara à Strasbourg et revint satisfait de la tenue des troupes qu'il avait vues et se réjouissant en vrai chauvin de la défaite signalée qu'on allait infliger aux Prussiens qu'il n'avait jamais aimés. — Il me semble, comme si c'était hier, voir ces incessants passages de troupes, entendre nuit et jour retentir la *Marseillaise*, le *Chant du départ*. Grand-papa, dès que les troupes venant à pied de Belfort, descendaient le boulevard du Chemin de fer, allait se tenir au coin de la rue leur verser du vin, leur donner du pain et leur offrir des cigares ; il en distribuait également par-dessus le parapet du chemin de fer aux turcos et aux zouaves qui tout d'une traite arrivaient d'Algérie.

Hélas! qu'on s'attendait peu à la durée de cette guerre et surtout au résultat final ! Personne ne se doutait de l'inqualifiable incurie du misérable gouvernement qui s'enrichissait aux dépens de la nation, et déclara la guerre en disant : « ... Nous sommes prêts. » tandis qu'on ne l'était pas et lança le pays dans la plus terrible des aventures.

Malgré les premières défaites, la honte de la reddition de Strasbourg, l'investissement de Paris, votre grand-père resta courageux et plein d'espoir, remontant son entourage, car il comptait sur l'armée de Metz pour effectuer une sortie vigoureuse et marcher au secours de Paris. La trahison de Metz lui porta le coup de grâce et dès lors il resta triste et accablé s'attendant au pire. Qui vous dira toutes nos angoisses de cet hiver, le plus sombre de notre vie ! Notre fille Amélie, renfermée dans Paris, nous laissa sans nouvelles depuis la fin d'octobre jusqu'à la capitulation. Nous la savions dans le quartier bombardé et nous nous demandions s'il nous serait donné de la revoir. Jacques faisait au Havre son devoir de garde national et s'attendait d'un jour à l'autre à devoir marcher contre l'ennemi. Ajoutez à tous ces sujets d'angoisses la douleur inexprimable de voir notre ville occupée par l'ennemi, accablée de réquisitions, d'impôts de guerre. Le patriotisme des habitants de Mulhouse sut faire face à tout ; tous les hommes valides avaient volé au secours de la patrie, les femmes faisaient de la charpie et étaient avant tout préoccupées du bien-être des nombreux prisonniers français qui traversaient la ville dirigés sur l'Allemagne. Le conseil municipal ne perdait pas davantage son temps ; il n'était aucune réquisition en souliers, armes ou vêtements chauds exigés par l'ennemi dont l'équivalent ne fût immédiatement envoyé en France. Pendant quelque temps une fausse nouvelle nous fit pleurer comme mort mon frère Jean ;

après la reddition de Metz, il nous écrivit d'Allemagne où il se trouvait prisonnier à Düsseldorf ; malheureusement il fut transféré dans la forteresse de Lötzen, le sort l'ayant désigné avec neuf autres officiers pour expier l'évasion d'un de leurs camarades. Ce fut dans cette affreuse prison et par suite du manque de nourriture suffisante qu'il contracta le germe de la maladie qui l'a emporté. — Vous parlerai-je des logements militaires, dont tous les habitants étaient sans cesse écrasés? Les officiers purent toujours, sauf une fois, être logés à l'hôtel, mais il nous fallait prendre chez nous les simples soldats. Les premiers, hommes mariés, furent très convenables ; mais après Noël comme grand-papa ne descendait pas encore, étant convalescent d'une fièvre gastrique, de la vérole volante et d'une inflammation à la cheville, nous en eûmes de si grossiers, de si exigeants, que nous fûmes obligés de prier notre neveu Otto Müller de venir coucher chez nous, pour leur inspirer quelque respect. Courant février, à la suite de l'armistice, nous sûmes enfin que notre enfant, son mari et son petit garçon étaient sains et saufs, mais il nous fallut abandonner les dernières illusions que nous caressions presque à notre insu, apprendre que tout était perdu, fors l'honneur, et que notre pauvre Alsace paierait la rançon de la mère-patrie. Notre douleur à tous fut immense et inexprimable, après quelques hésitations, votre grand-père décida, son fils unique étant Français, de ne pas s'expatrier et conseilla à tous ceux que l'âge de leurs enfants n'obligeait pas au départ, de rester en Alsace par patriotisme, pour y maintenir l'esprit français et l'amour de la patrie absente. Les déplorables événements du 18 mars et l'établissement de la Commune à Paris nous causèrent de nouvelles angoisses au sujet de nos enfants Persoz ; nous étions depuis bien des jours sans nouvelles d'eux et nous nous demandions avec terreur ce qui pouvait bien leur être arrivé, lorsque, au mois d'avril, ils vinrent se réfugier chez nous, pâles, maigres et tout harassés d'un voyage de six jours. Ce nous fut à tous du baume de nous revoir et de nous confier mutuellement nos angoisses de l'hiver.

Paris fumait encore qu'ils repartirent, anxieux de savoir s'ils retrouveraient leur demeure intacte. Nous prîmes le chemin de la Suisse pour aller nous remonter tous les trois à Albisbrunn. La société y fut charmante et il fit bon y oublier un peu au milieu de la nature immuablement sereine, les tourments de l'heure présente et les angoisses du passé.

Le 13 octobre 1871, naquit Francis Steinlen et le 20 novembre Emmie Laederich : comme vous le voyez, nos descendants poussaient de toute part comme de petits champignons et ceux de Mulhouse venaient presque chaque jour animer de leurs ébats le jardin de leurs grands-parents. Cet automne et l'hiver suivant se passèrent tristement au milieu des adieux d'amis nombreux qui quittaient l'Alsace, pour éviter à leurs enfants de porter l'uniforme allemand.

Votre grand-père désira aller passer les fêtes de Pâques 1872 à Boll. Nous partîmes avec Clara le 22 mars par un vilain temps de neige ; à Strasbourg où nous passâmes une nuit, grand-papa qui toussait déjà se refroidit davantage ; le lendemain il fut pris en route d'une fièvre violente et arriva à Bad-Boll sans trop savoir comment, n'ayant qu'une pensée et une parole : « Un bon lit chaud. » Une forte bronchite se déclara, et grâce à Dieu n'eut aucune suite fâcheuse, entouré qu'était le cher malade des soins les meilleurs et les plus dévoués, aussi bien pour le corps que pour l'âme. Il était pénétré de paix et de tranquillité et se sentait comme invisiblement entouré d'anges : « Que je suis heureux, » me disait-il souvent. Nous restâmes trois semaines à Boll et eûmes la joie de le ramener à Mulhouse aussi bien que possible. Peu après notre maison se remplit par mes sœurs de la Suisse venues pour assister au mariage d'Otto Müller avec mademoiselle Henriette Bertrand. La noce fut des plus gaies, et grand-papa en jouit avec un entrain tout juvénile.

Il était question de satisfaire au désir de nos enfants absents et d'aller leur faire à Paris et au Havre une visite suivie d'une saison de bains de mer à Saint-Valéry en Caux. Notre départ fixé pour le courant du mois de juin fut reculé, les quatre petits Steinlen ayant pris la coqueluche ; le petit Francis qui avait encore sa nourrice se tira vite d'affaire, mais la pauvre Suzanne, la tulipe, comme l'appelait grand-papa qui eut toujours un faible pour les petites filles — fut bien dangereusement malade d'un engorgement des poumons causé par la coqueluche. Un léger mieux s'étant déclaré, nous pûmes enfin nous décider à partir en engageant vivement nos enfants à venir s'installer chez nous et effectuer ainsi un petit changement d'air qui ne pourrait qu'être favorable aux petits malades. L'effet en fut vraiment prodigieux, et nous ne tardâmes pas à apprendre la pleine convalescence de nos petits-enfants. A Paris nous trouvâmes une chaleur étouffante et n'y restâmes que peu de jours pour aller respirer un meilleur air au Havre, où nous nous arrêtâmes pendant six jours. Grand-papa jouit beaucoup de ce séjour et fit bonne connaissance avec sa petite fille Mina dont il gagna le cœur tout de suite et qui était aux petits soins pour celui qu'elle appelait l'autre papa. Il passait dehors presque toutes ses matinées, s'amusant entre autres à nous acheter du poisson ; mais ce qui nous charma surtout, ce fut avec le jardin Saint-Roch et son bel aquarium, la visite que Jacques nous fit faire d'une superbe propriété située à la côte et célèbre par ses serres qui dépassent en beauté celles du Jardin des plantes ; ces serres sont étagées, et l'on commence par une serre tempérée pour atteindre finalement la plus belle attenant à la maison, et d'où, assis au milieu des palmiers et des plantes tropicales, on a la vue la plus admirable qu'on puisse imaginer sur la mer, la ville et le port du Havre : c'est à se croire en pleine féerie.

Pour atteindre Saint-Valéry, nous prîmes le chemin de fer jusqu'à Fécamp d'où un léger panier, attelé d'un cheval fringant, nous mena presque trop rapidement à travers les campagnes fertiles et les bois verts de la belle Normandie. Nous nous logeâmes à l'hôtel de la Marine, tenu par une brave Alsacienne chez laquelle nous fûmes bientôt comme à la maison. Nous fûmes rejoints peu après par mademoiselle Adèle Chenevière, charmante amie avec laquelle Clara s'était beaucoup liée l'année précédente à Albisbrunn, puis par Amélie et son petit René. Grand-papa, auquel son âge interdisait les bains de mer, s'amusait beaucoup à surveiller du bord les exploits nautiques de ses compagnes qui, sous la direction d'un maître baigneur, s'exerçaient à nager. Il gardait tout le temps sa montre en main et les cinq minutes écoulées ·donnait, sa canne levée, le signal de la sortie, faisant scrupuleusement respecter les ordres du médecin qui avait recommandé de ne jamais rester plus longtemps dans l'eau.

En dépit des beautés et des attraits de la mer, grand-papa regrettait à Saint-Valéry les montagnes de la Suisse, le botaniste passionné ne trouvait pas assez de fleurs sur les falaises qu'il gravissait presque chaque matin, ou dans les bois d'Estennemare situés derrière la ville et qu'il visitait souvent. Par contre le mouvement du port, la rentrée des bateaux revenant de la pêche, quelquefois même d'Angleterre, de Norvège ou de Terre-Neuve lui procurait de grandes distractions. — A défaut de fleurs rares à transporter à Mulhouse, il faisait de longues tournées dans les galets ramassant tont ce qui lui paraissait un peu remarquable en fait de pierres ; il en remplit toute une caisse dont le contenu orne encore l'intérieur de la grotte du jardin. Malgré tous les agréments de ce séjour, vers le 20 juillet, il ne tint plus en place, et m'annonça son départ que réclamait une impérieuse nécessité..... celle de faire des boutures. Il nous laissa donc à Saint-Valéry pour terminer notre cure, mais ne partit pas seul emmenant à Mulhouse... devinez quoi ?... toute une colonie de belles poulettes noires, de quoi peupler le poulailler, qu'il avait choisies avec le plus grand soin dans les fermes des alentours, et pour la nourriture desquelles il avait recueilli les instructions de notre hôtesse, madame Prieur. Il expédia par petite vitesse une caisse contenant les galets, des herbes marines qu'il avait séchées, les petits pots venant d'Angleterre qu'il avait achetés à des marins, et dont deux ornent notre buffet de salle à manger.

Voici comment il m'annonça son retour à la maison :

BIEN CHÈRE AMIE,

« Ouf..... Comme l'on est content après deux jours
« passés en wagon par cette poussière et chaleur tropi-
« cale de rentrer dans son domaine... car je trouve
« que c'est un petit paradis que nous possédons... dom-
« mage que j'y sois seul... enfin ces quelques jours pas-
« seront aussi et nous aurons d'autant plus de plaisir à

« nous retrouver ensemble ; j'ai au surplus une masse
« d'occupations devant moi qui m'empêcheront d'éprou-
« ver de l'ennui.

« Maintenant à mon voyage d'abord — tu as déjà vu
« par mon billet de Motteville que tout a été pour le
« mieux jusque-là. La dépêche que tu as dû recevoir de
« Jules samedi matin t'aura appris que moi et mes
« petits compagnons noirs sommes repartis frais et
« reposés et ma dépêche de hier matin dimanche t'a
« dit que nous sommes ici, tous gais et dispos sans
« éprouver la moindre fatigue de ce long voyage. Mes
« petits individus se trouvent tout à leur aise dans leur
« petit palais et paraissent heureux et contents de vivre
« ensemble en bonne harmonie. Le jardin est très beau,
« il n'existe plus de traces de cette vilaine grêle, tous
« les massifs de fleurs sont magnifiques, celui des fuch-
« sias qui avait été si maltraité est une véritable forêt
« vierge.

« La maison est restée debout et entière malgré le
« séjour qu'y ont fait les communeux, l'intérieur intact
« et en bon état et je dois leur rendre cette justice, mal-
« gré leur jeune âge, nos petits socialistes communistes
« n'ont laissé le moindre vestige de dévastation, ils se
« sont vraiment conduits en honnêtes gens, en républi-
« cains-conservateurs. La petite Mimi tout en trottillant
« toute la journée par le jardin a respecté les fleurs de
« grand-papa, il paraît que, lorsqu'elle se trouvait fati-
« guée, elle se réfugiait sur les genoux de la mère Gœs-

« chlin pour se reposer. Toute la séquelle a quitté la
« maison samedi après dîner pour se rendre à Watt-
« viller. »

Dans une lettre suivante il me racontait sa visite faite
à Emma à Wattviller, depuis Thann où il avait diné avec
M. Scheurer père.

« ..... J'y ai dîné, après il m'a donné ses deux che-
« vaux pour me conduire à Wattviller. Emma est en
« bonne santé, ses quatre mioches sont mieux, les trois
« aînés toussent encore de temps en temps lorsqu'ils
« sont méchants, la petite Mimi encore faible, mais gaie
« et remuante, très exigeante, mais à plusieurs reprises
« j'ai pu avec beaucoup de douceur l'apaiser : j'étais
« surpris de ma patience, nous avons été de suite bons
« compagnons. — Elle voudrait courir comme Mé qui
« est un vrai vagges et ses forces la trahissent ; elle est
« de suite fatiguée, mais aussitôt reposée elle trottine
« derechef. — Le docteur Ehrmann dit qu'elle ne con-
« servera pas de traces de sa maladie, qui prouve une
« forte et bonne constitution de n'y avoir pas suc-
« combé. — Le tout petit mange comme un homme,
« toujours de bonne humeur, gai, aimable et rieur
« comme sa nourrice. — J'espère que toute cette
« petite clique se remettra complètement en peu de
« temps. »

Les volatiles continuaient à l'intéresser et à le préoc-
cuper beaucoup ; il aurait aimé avoir un second coq, et me
chargea d'en obtenir un de madame Prieur ; malheureu-

sement la demande arriva trop tard, comme le fait voir
la lettre suivante :

« ..... Tu auras plaisir à faire connaissance avec nos
« jeunes indigènes des bords de la mer ; ils sont d'une
« sagesse exemplaire, ont bon appétit, croissent à vue
« d'œil et mangent en proportion, je ne puis pas m'ap-
« procher de la basse-cour sans que tout aussitôt ils
« s'empressent d'accourir, soit pour demander de la
« salade, de l'avoine, où des pommes de terre. — Ils ne
« reçoivent pas autre chose, jamais de rôti. — Le jeune
« coq a été vivement touché d'apprendre la mort violente
« de son oncle et se réjouit de vivre, mais il porte sa
« queue de travers depuis quelques jours, serait-ce en
« signe de deuil ? je ne sais.....»

Pour tromper les ennuis de la solitude, il allait beaucoup dîner et souper chez des amis ; surtout avec nos chers
Zipélius et l'ami Bœringer ; tout en étant sans cuisinière
et sans femme de chambre (cette dernière étant à Wattviller auprès d'Emma) il voulut à son tour donner un souper de garçon... Voici ce qu'il m'en dit dans une lettre :

« ...... Demain soir souper de garçon chez ton vieux,
« papa Trapp ne peut venir, il est atteint d'une conges-
« tion pulmonaire, je l'ai remplacé par l'ami Wennagel,
« tu vois que je sais choisir mes convives et ordonner un
« souper ; nous aurons un vol-au-vent par Kmoerzer, des
« haricots à l'anglaise, un gigot de mouton et une tarte
« rhubarbe, qu'en dis-tu ?... » puis dans une suivante :

. « ..... Notre souper de garçon ne s'est terminé hier

« soir qu'à dix heures et demie, et en partant chaque
« convive m'a remercié de l'agréable soirée, pas un
« mot de politique. Joseph a servi, la mère Gœschlin
« faisait fonction de chef de cuisine, tout était bon sauf
« les pommes de terre dont la qualité est mauvaise,
« lardeuse. Pour couronnement, il y avait café et pousse-
« café, j'ai fait comme les autres et n'ai pas pu dormir.
« A trois heures et demie je me suis levé et rasé à la
« lumière, le jour ne venant qu'à quatre heures et demie,
« mais après le dîner je me suis endormi en lisant cet
« imbécile d'Industriel, qu'ai-je fait alors ? couché tout
« de mon long sur mon lit et dormi jusqu'à quatre heures,
« je descends, bois ma chope et à peine vidée, voilà
« Catherine et sa mère qui arrivent, et qui sortent seule-
« ment d'ici cinq heures et demie. — Toute cette semaine
« a été une suite d'orages et de pluies d'or, tout est
« magnifique en ce moment, auparavant le gazon était
« brûlé, j'ai fait faucher et maintenant les pelouses
« sont comme un tapis de velours, fraîches et luisantes
« et tous les massifs de fleurs qui sont superbes se déta-
« chent admirablement dans cette verdure, canas, flox,
« verveines, géraniums, calcéolaires, fuchsias, horten-
« sias, penstemums, pétunias, et tant d'autres aimables
« fleurs, tout cela est riche de santé et chante un con-
« cert de louanges à l'Éternel qui les a désaltérées !...
« und freundlich erquikt... »

Grand-papa me parle encore de ce fameux souper dans
une troisième lettre.

« ..... Sans contredit, si tu avais été ici, les choses
« se seraient passées plus régulièrement au souper,
« mais en résultat chacun a trouvé la soirée fort de son
« goût jusqu'au papa Bœringer qui m'a confessé ce
« matin *que jamais* de sa vie il n'a mangé des haricots
« à l'anglaise aussi excellents, hé bien ! c'est ton servi-
« teur qui les a assaisonnés, mis poivre, sel et beurre
« frais dessus et retournés... Et d'un ; ton serviteur a
« pris les clefs du bouteiller et monté les vins, et de
« deux, ton serviteur a sorti et remis en place l'argen-
« terie et les couteaux, et de trois ; vaisselle, linge et
« verres ont été sortis par le cordon bleu; le lendemain
« matin tout était de nouveau en place sans accident.
« Je te dirai à ton retour les autres détails de mon acte
« d'autorité. »

Enfin vint le moment de la réunion tant désirée de part
et d'autre, et ce fut par une brillante réception que
grand-papa accueillit sa chère fugitive (comme il l'appelait dans ses lettres). Elle trouva la maison éclairée à
giorno, des fleurs partout, dans le salon une belle glace
neuve, et enfin son cadeau de jour de naissance : une
jolie table à ouvrage, contenant acquittées toutes les
notes qu'elle pensait avoir à solder à son retour.

En automne grand-papa se rendit à Coire comme
presque chaque année, et en revint les jambes malades,
s'étant fatigué par de trop longues courses avec son
beau-frère Schauenberg. Cela dura jusqu'au printemps
et vers le 20 mai nous partîmes pour Albisbrunn, où

votre grand-père resta jusqu'aux premiers jours d'août sans obtenir grand résultat. Dès son retour le docteur lui ordonna la pommade de goudron qui guérit rapidement ses jambes.

Il trouva à Mulhouse un nouveau petit-fils en la personne de Daniel né le 30 juillet, et vit sa maison se remplir de tous ses enfants et petits-enfants absents. Le petit René surtout le charma par sa douceur, son intelligence si vive et si précoce; quand venait le soir, il rentrait du jardin et s'acheminait vers le cabinet disant : — « Je veux aller faire un bout de conversation avec « grand-père. » Dès lors s'établit entre le vieillard et l'enfant une profonde sympathie qui a dû leur rendre bien joyeux le revoir là-haut. Au printemps 1874 après avoir fait un séjour auprès de nos chers amis Blumhardt, grand-papa tout heureux d'être de nouveau en pleine possession de ses jambes partit pour Albisbrunn avec Clara et moi, et l'on peut dire que ce séjour fut l'un de ceux dont il garda le meilleur souvenir. La société y fut charmante, pleine de gaieté et d'union, et certes le moins joyeux n'était pas le chef de file, aux soixante-douze ans duquel personne ne voulait croire et qui organisait parties et excursions avec un entrain charmant. Il nous reste comme souvenir de ces jours heureux deux groupes photographiés de ce que nous appelions la famille de l'Albis, et où nous retrouvons avec un plaisir toujours nouveau la pose originale et la mine malicieuse de votre cher grand-père.

Peu après notre retour, notre maison reçut un hôte nouveau, Mina, que son père, habitant de nouveau Liverpool depuis peu, nous envoyait pendant une longue et grave maladie de sa femme. Il venait aussi d'avoir le chagrin de perdre son troisième enfant, Lilian, née le 1er février 1874 au Havre. Cette même année nous donna encore une autre petite fille, Sophie Persoz née à Paris, le 3 août.

Grand-papa termina cette année en bonne santé et jouissait de tout son cœur de la gaieté et des gambades du joyeux petit oiseau qui animait notre maison.

L'année 1875 s'ouvrit par une nouvelle naissance, le 7 janvier naquit Rodolphe.

Au mois de juin, l'avant-veille de notre départ pour Albisbrunn, grand-papa fit une bien grave maladie : il se forma, presque subitement au bas du foie, une grosseur, comme une espèce de tumeur qui lui causa des douleurs intolérables, fit craindre une péritonite et mit ses jours en danger. Grâce à Dieu et à sa bonne constitution, il nous fut encore conservé, et au mois de juillet il se trouva suffisamment remis pour pouvoir entreprendre un voyage en Suisse ; Albisbrunn étant plein de curistes nous allâmes à petites journées jusqu'à Heinrichsbad, établissement chrétien situé près de Hérisau dans le canton d'Appenzell. Au bout de peu de jours, grand-papa eut une rechute, moi-même je dus garder le lit, le temps était toujours à la pluie et nous passâmes là quatre tristes semaines. — Grand-papa revint bien faible, très souffrant corporellement et surtout moralement, l'ébranlement des nerfs avait provoqué une profonde mélancolie. Le mois d'août nous amena Amélie, son mari et ses deux enfants. Ce fut la dernière fois que nous eûmes la joie de voir chez nous notre cher petit René ; il se trouvait si heureux chez ses grands-parents qu'il ne savait assez témoigner et exprimer son bonheur. Le jardin surtout faisait ses délices et le lendemain de son arrivée la pluie l'empêchant d'y courir, tout déconfit dans la vérandah, il la regardait tomber en disant : « Ce jardin, c'est comme le fruit défendu, on le regarde, on voudrait y aller et on ne peut pas. » Il s'entendait parfaitement avec sa petite cousine Mina et tous deux s'amusaient royalement au jardin à toutes espèces de jeux de l'invention de René.

L'hiver se passa tristement, c'était navrant de voir grand-papa si abattu, si découragé, si mélancolique. Le jour de Pâques 1876, Jacques dont la femme était heureusement de nouveau en parfaite santé, arriva pour chercher Mina dont le départ laissa un grand vide dans la maison.

Dans l'espoir de faire du bien à votre cher grand-père nous partîmes déjà courant mai pour la Suisse, allant voir les Weber à Netstall, passant les fêtes de la Pentecôte avec les Schauenberg, pour nous rendre ensuite à Albisbrunn. Ce fut le dernier séjour qu'y fit votre grand-père. C'est là que nous apprîmes à peu de jours de distance, deux événements bien opposés : la naissance de

Cécile le **20** juin, et le **23** la mort de notre bien-
aimé petit René : « l'Éternel l'avait donné, l'Éternel
l'a ôté, que le saint nom de l'Éternel soit béni. » Ce cher
petit à la nature si pure, si élevée aurait trop souffert
sur cette terre, Dieu l'a repris avant la lutte pour lui faire
trouver là-haut la vie complète et les félicités célestes.

L'hiver, quoique un peu meilleur que le précédent
pour votre grand-père, lui amena plusieurs refroidisse-
ments qui l'affaiblirent beaucoup.

Après la visite qu'Amélie nous fit avec Sophie au mois
de mai, nous résolûmes d'aller à Wattviller, dont la tranquillité convenait mieux à deux vieux comme nous, tout
en nous procurant suffisamment de société par la présence d'Emma et de ses enfants. L'air et les bains eurent
un très bon effet sur la santé de grand-papa qui reprit
avec un bon sommeil et de l'appétit, des forces physiques,
le calme d'esprit et la sérénité.

Au mois d'octobre je fis un voyage à Coire, pour visiter
mon beau-frère Schauenberg qui venait d'être gravement
malade ; tout de suite après mon retour à Mulhouse, je
me foulai le poignet en tombant d'une chaise, et je fus
privée pendant plusieurs mois de l'usage de ma **main**
droite. Mon bien-aimé mari pouvait heureusement à ce
moment se passer de mes soins et savait à son tour me
remonter par sa gaieté. — Il était en train de faire la
quête pour le patronage du faubourg de Bâle, tâche dont
il s'acquittait chaque année avec une adresse toute particulière et une grande satisfaction. Cette tournée de

visites intéressées dans les principales maisons de commerce de notre quartier le remettait en rapport avec d'anciennes connaissances toujours contentes de le revoir et dont la vue lui rappelait les jours d'autrefois et le temps de son activité commerciale à laquelle il regrettait toujours d'avoir été arraché sitôt.

Le 13 novembre mourut notre beau-frère Schauenberg; ce fut une grande perte pour grand-papa qui avait toujours beaucoup aimé et estimé ce parent au caractère si droit et si désintéressé. Il voyait peu à peu le vide se faire autour de lui : — vivre c'est survivre ; — la plupart de ses amis de jeunesse plus robustes que lui : M. Henry Bœringer, qui en fut un des plus intimes, M. P. Kullmann son ancien associé, M. Frank, trois de ses frères reposaient déjà dans la tombe ; cela ne laissait pas que de lui causer souvent une grande tristesse et de lui faire de plus en plus tourner ses pensées vers cette autre vie que nous oublions trop souvent, absorbés que nous sommes par les préoccupations moins importantes de cette vie terrestre si incertaine et si passagère.

Nous trouvâmes à Coire, où nous nous rendîmes pour l'enterrement de notre beau-frère, en dépit de la saison avancée, un temps superbe ; les montagnes élevées qui entourent cette ville étaient déjà couvertes de neige et se détachaient d'une façon particulièrement belle sur un ciel d'une coloration toute italienne.

Grand-papa qui sentait si vivement le charme péné-

trant d'une belle nature, en jouissait en plein en dépit
de la tristesse du moment et faisait journellement de
longues promenades avec Clara. C'est ainsi qu'une fois,
aux abords de la gare, ils rencontrèrent un chien de
grande taille, d'une allure majestueuse, de race croisée
Saint-Bernard et Léonberg ; grand-papa l'entend appeler
Léon, puis à son tour l'appelle ; le chien accourt vers lui
le regardant d'un œil profond et si intelligent que grand-
papa épris de cette belle bête, entra au buffet de la gare
lui acheter une saucisse et une livre de pain, qu'il cou-
pait en petites tranches et lui donnait au fur et à mesure.
Voyant que le chien abandonnait le pain pour la saucisse :
« Léon, lui dit-il, cela ne va pas ainsi ; pour chaque
morceau de saucisse, un morceau de pain. » L'animal
obéit docilement et scrupuleusement jusqu'au bout. —
« Voici un chien plus intelligent que bien des hommes,
dit grand-papa enchanté, qu'en dis-tu, Caeffro, si nous
l'achetions ? » Malheureusement le prix demandé était
trop considérable pour pouvoir s'accorder cette fan-
taisie.

Le printemps de 1878 amena de nouvelles indisposi-
tions pour votre grand-père, pourtant il s'en remit très
vite et retourna avec nous fin juin à Wattviller, où pour
la dernière fois il put encore se promener selon les désirs
de son cœur ; il fit même bien des imprudences,
entre autres, une promenade tout seul au vieux château ;
il en redescendit par le chemin le plus raide, y tombant
une ou deux fois. Peu après les maux de tête reparurent ;

c'est à des chutes répétées ainsi qu'à des promenades exagérées qu'il fit à Zofingen, où nous passâmes huit jours avec ma sœur Schauenberg qui venait de s'y établir, que nous attribuâmes la nouvelle atteinte de mélancolie qui ne tarda pas à s'emparer de lui, et qui, hélas! ne le quitta plus jusqu'à sa mort.

L'hiver nous causa bien des inquiétudes pour sa santé devenant de jour en jour plus fragile et délicate ; il passa plusieurs mois sans descendre, confiné dans la chambre. Votre pauvre grand-père, voyant ainsi ses forces diminuer, tout délassement, même la lecture lui devenir de plus en plus fatiguant et pénible, avait de la peine à accepter la vieillesse et à se soumettre à la sujétion et aux renoncements toujours plus nombreux qu'elle exige. Pour les natures dont l'activité est l'essence même, la vieillesse paraît une rude école ; c'est comme la classe dernière de la vie, celle de philosophie qui doit, par un détachement complet de soi et des choses terrestres, préparer à l'entrée dans la vie supérieure; leçon difficile que Dieu seul peut bien enseigner à l'homme. C'est en Lui que votre cher grand-père chercha son appui constant, Lui demandant une résignation de plus en plus complète de sa volonté propre.

L'arrivée de son fils et de sa famille au mois d'avril 1879 fut, dans ces circonstances, un bienfait et un soulagement pour lui. Il remit entre les mains de Jacques la gestion de sa fortune qui depuis quelque temps était pour lui un sujet de préoccupation, car il sentait trop combien sa faiblesse croissante lui rendait tout effort de pensée, toute attention concentrée plus difficile et plus douloureuse. Quant aux enfants, loin d'être pour lui un sujet de fatigue comme nous l'avions craint d'abord, leur présence lui fut une distraction salutaire, et leur affection prévenante adoucit plus d'une heure sombre.

Au mois de juillet, nous partîmes pour Wattviller, bande nombreuse comprenant notre belle-fille avec ses trois fillettes ; Amélie, son mari et leurs deux enfants ne tardèrent pas à nous y rejoindre. La famille Steinlen vint aussi y passer trois jours avant son départ pour la Lenk, de sorte qu'un dimanche, votre cher grand-père eut le bonheur de voir, à une table de vingt couverts, tous ses enfants et petits-enfants réunis autour de lui.

Le 23 août, au lendemain de notre retour à Mulhouse, naquit Lucie, le dernier rayon de soleil de son grand-père qui se prit pour elle d'une affection croissante, à mesure que cette petite chérie se développait en intelligence, en grâce, en gentillesse.

Ce printemps fut marqué aussi par la mort du frère favori de grand-papa, l'oncle Georges, l'hôte habituel et bienvenu du dimanche depuis de longues années. Il succomba à une maladie de poitrine après de pénibles souffrances endurées avec une grande douceur et une résignation toute chrétienne.

Vous vous souvenez tous de ce rude hiver 1879-1880, de ces froids terribles qu'on ne voit heureusement guère plus de deux fois en un siècle? Votre pauvre grand-père devenu impressionnable comme une sensitive en souffrit cruellement, lui qui, même en bonne santé, se sentait végéter en hiver et se voyait revivre avec la nature. Sa disposition à des congestions à la poitrine devint de plus en plus accentuée, il ne survécut que grâce à des précautions infinies, et en maintenant de jour comme de nuit une température égale dans sa chambre à coucher qu'il ne quitta guère.

Le printemps vit partir pour le ciel la petite colombe messagère qui y devança son cher grand-père; notre petite Emmie nous quitta après une courte vie bien remplie de souffrances; le bon Berger recueillit le petit agneau qui n'était pas fait pour les sentiers épineux et pierreux de la vie et transplanta la tendre fleur dans son beau jardin céleste.

Grand-papa attendait avec impatience la chaleur de l'été, espérant que la belle saison lui rendrait quelque force; hélas! il n'en fut rien! Trop faible pour s'absenter, il trouva encore une grande jouissance à faire chaque après-midi une promenade en voiture, se dirigeant de préférence vers Brunstadt, où il trouvait dans l'animation du village et de la campagne environnante une bienfaisante distraction. Un jour il eut l'idée de rechercher un ancien emballeur du bureau, Jacob, habitant Didenheim; nous ne le trouvâmes plus dans ce village de la pittoresque situation duquel grand-papa fut ravi. Nous retournâmes le lendemain à la recherche de notre homme qui s'était retiré chez une nièce à Zillisheim depuis la mort de sa compagne. Le plaisir du revoir fut réciproque. Plus tard grand-papa désira retourner à Didenheim avec les trois fillettes, leur mère et ma sœur Élise ainsi que Clara. Nous fîmes une halte à l'auberge et grand-papa régala la société de pain, de fromage, de vin et de bière, prenant surtout plaisir à la joie démonstrative de la petite Lucie.

Peu après, tante Élise nous quitta pour aller passer l'hiver à Tunis, départ qui donna bien de l'émotion à votre grand-père. Puis vint l'hiver — son dernier hiver ! la journée était courte, il se levait après dix heures et se couchait à sept, et pourtant elle lui paraissait souvent longue, ne pouvant plus guère lire, ne supportant pas même d'entendre lire ; il s'en tenait essentiellement à sa Bible et aux méditations pour chaque jour de l'année de son cher ami Blumhardt qui le précéda d'un an là-haut.

Au déjeuner déjà il réclamait Rati, sa petite favorite qui venait trottiner autour de son lit, réclamer son bon-bon et l'amusait tout en jouant à cache-cache derrière les rideaux ou en courant autour de la table au cri de colon. Sa tendresse pour elle était si grande, qu'un jour à table son père ayant grondé Lucie, le bon grand-père ne put supporter de voir pleurer son Rati, et ses yeux se remplirent de larmes.

L'hiver n'amena aucune indisposition et pourtant les forces déclinaient. À dater du nouvel an sa grande faiblesse devint plus visible dans sa démarche courbée et chancelante. Mais qui ne se fait des illusions ! La visite du médecin ne manqua jamais de le remonter, il essaya même d'après son conseil, pour occuper un peu ses soirées de jouer aux dominos avec Clara ; il y prit intérêt et gagnait avec une satisfaction évidente, mais la fatigue, plus forte que la distraction, le condamna à abandonner sa partie du soir.

La dernière nuit fut excellente, il déjeuna de bon appétit, s'amusa des gambades de Lucie ; je me sentais tout heureuse du début de cette journée. Vous savez tous comment elle se termina. — Au milieu de notre grande douleur, quelle reconnaissance ne devons-nous pas à Dieu qui exauça la prière de votre cher grand-père en le reprenant à Lui sans luttes, sans combat. Il s'endormit doucement comme un enfant fatigué pour se réveiller dans la maison de son Père céleste.

Je ne saurais mieux terminer qu'en vous retraçant les paroles prononcées par M Bernard à l'enterrement de votre bien-aimé grand-père et qui caractérisent si bien sa vie.

Que Dieu vous donne de le suivre dans la voie qu'il vous a tracée lui-même par son exemple et ses instructions dernières dans la Bible de famille.

Discours de M. Bernard.

Heureux ceux qui sont intègres dans leurs voies
et qui marchent dans la loi de l'Eternel.
PSAUME 119, v. 1.

Le frère dont la dépouille mortelle va reposer dans la tombe était encore un de ces hommes qui avaient la trempe d'un autre temps — hommes qui avaient un caractère, une individualité marquée, et qui devaient ce qu'ils sont devenus à leur travail et à leur énergie propre.

Il a été un négociant loyal et intègre : c'est le témoignage que lui rendent ceux qui l'ont connu dans la vie des affaires. Il aimait mieux perdre, que de faire perdre. Il savait être désintéressé. Il a été un parent dévoué. Il l'a fait voir en maintes circonstances ; tout particulièrement à deux reprises par de grands sacrifices accomplis sans orgueil.

Quand la maladie est venue sur lui, elle lui a été en bénédiction. Il comprit que Dieu l'appelait à rentrer en lui-même, et il le fit. Il reconnut ce qu'il était, et le besoin qu'il avait d'un Sauveur. Placé en face du Dieu de l'Évangile, il reçut sa parole avec droiture et simplicité de cœur. Il n'a repoussé ni la vérité ni la grâce. Depuis lors, il a professé sa foi avec la même décision et la même franchise qu'il avait apportées à d'autres choses.

Cette parole de Dieu qui avait parlé à son cœur, notre frère voulait en faire *la lampe de ses pieds et la lumière de ses sentiers*. Il en avait copié plusieurs passages en tête d'une Bible de famille, entre autres ceux-ci qui nous semblent caractéristiques : *Confie-toi en l'Éternel.* — *Considère-le en toutes tes voies, et il dirigera tes sentiers.* — *Ne sois point sage à tes yeux, crains l'Éternel et détourne-toi du mal.* — *Honore l'Eternel de ton bien.* — Notre frère a, en effet, toujours pris un intérêt de cœur et actif aux choses du règne de Dieu.

L'homme de volonté et d'énergie a été, dans les dernières années de sa vie, bien affaibli et courbé par la maladie. Quel exemple de ce que nous sommes ! Mais quand la faiblesse du corps s'étendant jusqu'à l'âme, y apportait l'inquiétude, le trouble et quelquefois l'obscurité, quel est le souci qui poursuivait surtout cette âme ? C'était celui de son salut.

On peut donc bien dire, je le crois, que le premier désir de notre frère, depuis que ses yeux se sont ouverts à la vérité d'en haut, a été de trouver grâce devant Dieu et de marcher devant sa face. C'était là aussi ce qu'il demandait pour les siens. Dans cette même Bible de famille nous avons lu avec émotion, à la suite des passages bibliques, les lignes que voici : « Le plus grand « désir de mon cœur est que tous mes enfants suivent « la parole de Dieu et la mettent en pratique dès leur « plus jeune âge et pendant toute leur vie, qu'ils cher- « chent le Seigneur et qu'ils se convertissent à Lui

« avant toutes choses. Qu'ils trouvent grâce devant ta
« face, ô Éternel ! et qu'ils reçoivent ici la bénédiction
« de leur père. »

N'est-il pas vrai, mes frères, que ces lignes sont un
précieux héritage ? que les enfants et petits-enfants de
notre frère s'en souviennent, qu'ils suivent le chemin
qu'a voulu leur tracer leur père, et ils seront intègres
dans leurs voies, ils seront certainement bénis et en bénédiction.

Mes frères, le siècle et la Bible ont des maximes bien
opposées. Quel est l'homme heureux ? Aux yeux du
monde, c'est l'homme qui réussit, c'est bien souvent le
plus habile. D'après la Bible ce n'est pas l'homme de
succès, mais l'homme de devoir, c'est *celui qui marche
dans la loi de l'Éternel* et qui se tient prêt à paraître
devant son Dieu.

De quel côté se trouve la vérité ? Bientôt nous nous
rencontrerons avec Dieu. Que nous restera-t-il de tout
notre travail sous le soleil ? Qu'aurons-nous que nous
puissions emporter dans une bienheureuse éternité ?...
Mais quel est l'homme qui a été intègre toujours et en
tout, l'homme qui n'a pas dans son passé bien des péchés
qui le condamnent, qui ne trouve pas dans son cœur
bien des misères avec lesquelles il ne saurait paraître
devant Dieu ? Eh bien ! mes frères, ne nous faut-il pas,
à nous aussi, la grâce de *celui qui pardonne toutes les
iniquités et qui guérit toutes les infirmités ?* Soyons
assez droits, assez humbles pour le reconnaître, pour

chercher auprès du Sauveur la guérison et le pardon. Écoutons la parole de Dieu et laissons-nous conduire par son Esprit, et efforçons-nous de marcher sous son regard, dans ses sentiers. Qu'ainsi, mes chers frères, nous puissions laisser après nous une trace à suivre, et que sur notre tombe on puisse redire la parole du psalmiste : *Heureux ceux qui sont intègres dans leurs voies et qui marchent dans la loi de l'Eternel.*

AMEN.

Paris. — Imp. E. Capiomont et V. Renault, rue des Poitevins, 6.

9 782019 958091